Have a nice trip!

WORLD FORTUNE TRIP

イヴルルド遙華の世界開運 ★ 旅案内

Eve Lourdes Haruka

PROLOGUE

Are you ready ?

私たちは、何かを求めて旅をする。
突然どこかに出かけたくなったり、
行ったこともないのに懐かしさを覚える風景があったり、
無意識に何度も目に飛び込んでくる地名があったり……
旅をするきっかけはいろいろだと思います。

私にとっての旅は、
一生の思い出と人生の転機を与えてくれたもの。

最初に私の人生を変えた旅はイタリア。
陽気な街が私にパワーとご縁をくれました。
ハワイでは青い海にカラフルな花、元気いっぱいの植物、
そしてキラキラ輝く星空が私を癒やしてくれました。
きれいな夕日を眺めて未来を誓ったモン・サン・ミッシェル、
恋愛成就のために訪れた台湾、
ローマでは映画のワンシーンを再現する旅、
夜行列車で向かったルルド、プロポーズをされた万里の長城──。
人生を振り返ってみると、忘れられない記憶がよみがえります。

"いつか行きたい"と思ったのは何かのサイン。

この本があなたの旅のきっかけを作り、
旅にまつわる豆知識が増えてくれたらうれしいです。

さぁ、旅に出かけましょう。

Have a nice trip ♡

WORLD FORTUNE TRIP

CONTENTS

002　PROLOGUE
006　FORTUNE TRIP MAP

009　CHAPTER1
マインドナンバー別フォーチュントリップ

012　Mind Number1　Challenger
016　Mind Number2　Magician
020　Mind Number3　Teacher
024　Mind Number4　Queen
028　Mind Number5　King
032　Mind Number6　Messenger
036　Mind Number7　Lover
040　Mind Number8　Fighter
044　Mind Number9　Balancer

050　COLUMN1　見逃さないで! 旅先で出会いたいチャンスのサイン

051　CHAPTER2
テーマ別フォーチュントリップ

052　絶景×開運旅
056　建築×開運旅
060　色彩×開運旅
064　祭り×開運旅
066　チャクラ×開運旅

072　COLUMN2　心も体も解放! リラクセーション×開運旅先

073　CHAPTER3
運気別チェックリスト

074　〜恋愛運UPの秘訣〜
078　〜金運UPの秘訣〜
082　〜仕事運UPの秘訣〜
086　〜健康運UPの秘訣〜

004　*Have a nice trip!*

090　COLUMN3　おいしくて口福♡ 知っておきたい意味のある食べ物

CHAPTER4
人生を変えたフォーチュントリップベスト5

092　Bali
094　Italy
096　Hawaii
098　Cambodia
099　Shanghai

100　COLUMN4　絶対行かなきゃ！世界の直触れ開運スポット

CHAPTER5
十人十色のフォーチュンプレイス

102　岩堀せり×ロスアンゼルス
103　yUKI×グラストンベリー
104　橋本麗香×インド
105　上田実絵子×ドバイ
106　森田敦子×クレタ島
107　風間ゆみえ×ドイツ
108　鈴木あみ×バリ
109　杉浦エイト×パリ
110　シン・ジウォン×ソウル
111　カントン千晶×タイ

112　COLUMN5　ハッピーのおすそ分け！ラッキーモチーフをおみやげに

CHAPTER6
イヴルルド遙華の開運旅8ヵ条

122　FORTUNE TRIP CALENDER
125　出発日は二十八宿をチェック！

126　EPILOGUE

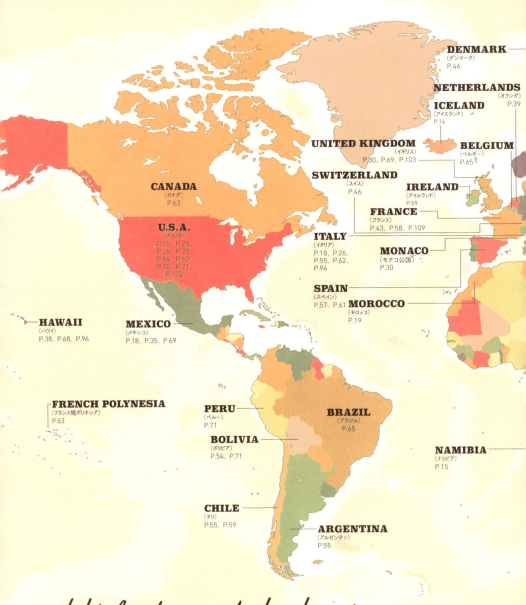

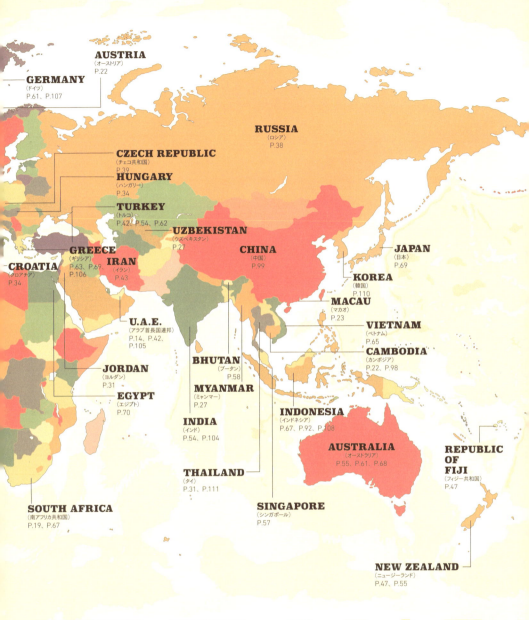

本書について
To make a fortune trip

本書には、イヴルルド遙華がおすすめする開運旅先を
90の国とエリアで紹介しています。
マインドナンバーやテーマから、あなたの開運旅先を探してみてください。

CHAPTER 1とCHAPTER 2で使われている飛行機マークは、
日本（おもに成田・羽田）からのアクセス方法と所要時間を表しています。
フライトスケジュールなどは更新されるので、
旅行の前に必ず最新情報をご確認ください。
本書のデータは2019年11月時点のものです。

★旅先が決まったら、最新のガイドブックをチェック！
www.arukikata.co.jp/guidebook/

いよいよ旅に出発！
運気アップに効果的なアクションを実践して
ハッピーな旅を楽しんでください。またページ下部には、
イヴルルド遙華からのひと言メッセージが。
パラパラめくって開いたページがその日のキーワードになるかも！

【発行後の更新情報について】
本書に掲載している情報で、発行後に変更されたものについては、
『地球の歩き方』ホームページ「更新・訂正情報」で可能なかぎり案内しています。
book.arukikata.co.jp/support/

・本書をお使いいただく際は、掲載されている情報やアドバイスがご自身の状況や立場に適しているか、すべてご自身の責任で
ご判断のうえご利用ください。
・編集部では、できるだけ最新で正確な情報を掲載するように努めていますが、時間の経過にともない掲載している内容が変更
されたり、またその解釈に見解の相違が生じることもあります。このような理由に基づく場合、または弊社に重大な過失がない場
合は、本書を利用して生じた損失や不都合などについて、弊社は責任を負いかねますのでご了承ください。

Have a nice trip!

CHAPTER 1

Fortune Trip

BY MIND NUMBER

マインドナンバー別
フォーチュントリップ

最初に紹介するのは、イヴルルド遙華の占いメソッドである
"マインドナンバー" を使ったおすすめの旅先。各ナンバー
の旅のテーマと、なぜその場所がおすすめなのか、どんな
運に効果があるのかをまとめてご提案します！

マインドナンバーとは？

マインドナンバーとは、生年月日からあなたの個性・性質を統計で導き出したもの。自分でも自分のことがよくわからないことってありますよね。マインドナンバーを知ると、自分を客観的に理解することができます。そして自分らしく人生の選択ができるようになります。私たちは、宝くじよりもすごい倍率を勝ち抜き、この世に生を受けました。そしてオギャーと誕生したその日から、人生がスタートします。同じ両親でも全然違うキャラクターの兄弟に育ったり、家族のカタチもさまざま。私自身、キラキラした同級生がまぶしすぎて、なんて私はイケてないんだろうと比べて落ち込むばかりでしたが、マインドナンバー占いを確立してから、誰かと比べることや劣等感を抱くことがなくなりました。占いは"答え"ではなく、ヒント。本来の占いとは、悪いことが起こる前に相談し予防すること。つまり自分自身をピンチに追い込まないことが、人生を幸せに過ごす秘訣なのです。

マインドナンバーで おすすめの旅先がわかるの？

マインドナンバーから、各ナンバーの性格や趣味、思考を学ぶと、それらが自分にぴったり合っていたかどうかがわかります。運気がいい人ほど、マインドナンバーのキャラクターに合ったことをやっているんです。だから私の鑑定ひとつにしても、運気がいい人ほど手短に終わります。私が伝えることに本人もすぐピンとくるからです。でも運が悪い人ほど、あべこべのことをしてばかり。仕事も恋人も選んではいけない方を選んでしまう。だからこそ悩むんです。旅も同じことがいえます。直感でひかれる国に行ってみるのも方法ですが、訪れるといい国やテーマがそれぞれのナンバーにあるんです。今の運勢を変えたいとき、縁起のいいタイミング、新年に向けてなど、占い師は開運のための旅に出ることが珍しくありません。大昔から人は、祈りのために聖地に命がけで旅をしてきました。現代は誰もが気軽に海外旅行に行ける世の中。新しい時代に取り残されないためにも、旅をして人生をもっと謳歌しましょう！

マインドナンバーの導き方

マインドナンバーの調べ方はとても簡単。まずは自分の誕生日（生年月日）を1桁の数字にし、1桁になるまで足していくだけ。最終的に残った1〜9までの数字があなたのマインドナンバーとなります。

1990年2月5日生まれの人なら
1+9+9+0+2+5=26
※合計が2桁なのでさらに続ける
2+6=8

マインドナンバーは **8**

1982年9月28日生まれの人なら
1+9+8+2+9+2+8=39
※合計が2桁なのでさらに続ける
3+9=12
※合計が2桁なのでさらに続ける
1+2=3

マインドナンバーは **3**

マインドナンバーであなたのタイプをチェック！

1 *Challenger*
チャレンジャー
→P.12へ

2 *Magician*
マジシャン
→P.16へ

3 *Teacher*
ティーチャー
→P.20へ

4 *Queen*
クイーン
→P.24へ

5 *King*
キング
→P.28へ

6 *Messenger*
メッセンジャー
→P.32へ

7 *Lover*
ラバー
→P.36へ

8 *Fighter*
ファイター
→P.40へ

9 *Balancer*
バランサー
→P.44へ

CHAPTER 1　マインドナンバー別 Fortune Trip

message　人生一度きり！本当に欲しいものは、諦めないで！

Mind Number 1

マンネリが苦手な

Challenger

のあなたへの
オススメは、

世界一＆
オンリーワンを探す旅

　マインドナンバー1は、誰もやっていないことを成し遂げたり、自分の人生を常にアップデートしていくことで運気がグンと上がります。逆に日々ルーティン作業に追われたり、楽しいことや刺激がないまま過ごしてしまうと、運気は低下する一方。だからこそ非日常の旅の予定を決めておくことで、大変なことや辛いことを乗り越えることができます。「いつか行きたい」という願望だけで、旅を後回しにしてはダメです。マインドナンバー1にとっては、ご褒美旅がとっても大事。なかでもほかにはない唯一の場所や世界一という場所が吉です。

　そして旅での出会いや経験が、考え方や生き方に大きく影響を与えることがあります。起業したり、海外で暮らすことになったり、今やっている仕事とはまったく違う分野に興味を持つことになったり。ひとつの出会いによって全然違う人生を歩むことだってあるのがこのナンバー。だから旅先でも何にでもトライすること、怖がらずに突き進むことが人生の転機に。「こんなに楽しくていいのかな」と思えるぐらい、自分の好きなことをすることがあなたの宿命です。その姿や生き方は、人々に影響を与えることにもなりそう。ぴーんとまっすぐ伸びる数字の1のように、堂々と自信をもって過ごせるようにしましょう。すぐに諦めてしまう人、我慢してしまう人は、そんな自分にオサラバを。人生は一度きり。濃厚に人生を楽しみ、オンリーワンの存在を目指していきましょう！

Item
リュックサック。身軽で両手が空くから、高いところに登ったり、野原に寝そべったり、まるで冒険家のように体を動かすことで本能が目覚めるはず。

Action
初体験。先駆者であるマインドナンバー1は、常に経験値を更新していくことが大切。話のネタが昔のことしかないなんてダメ。何歳になっても挑戦し続けて！

Foods
ワンハンドフード。とにかく旅を楽しむことが大事なので、この時ばかりは「太ってしまいそう」は禁句。食べ歩きで美食と観光をよくばりに堪能しましょう。

Cosme
シートマスク。肌は風水でベース・全体運の運勢を意味します。肌荒れはトラブルや悩みの数を表すので、簡単で時短になるシートマスクでお肌に栄養補給を！

012　Have a nice trip!

CHAPTER 1 マインドナンバー別 *Fortune Trip*

message Make yourself proud. 自分を信じて！

Mind Number **1** *Challenger*　　行き先候補 List

List 1 ☆　世界一がいくつも集まるエンタメシティ

ドバイ
🇦🇪 U.A.E.（アラブ首長国連邦）

世界一高いビルの「バージュ・ハリファ」や世界一大きい人工島「パーム・ジュメイラ」、世界一大きいフレーム「ドバイフレーム」など──。世界一にこだわるドバイは、とにかくゴージャスでスケールが規格外。日常生活が退屈な人、刺激が足りない人、新しい挑戦になかなか勇気が出ない人にぜひともおすすめです。空港に着陸した瞬間からテンションが上がること間違いなし。いつもとは違う別世界を経験することで、あなたの世界が広がるでしょう。ドバイは、特に仕事運、出世・成功運が高まる場所です。

✈ 日本からドバイまで直行便で約12時間。アブダビへも直行便が飛んでいるので、そこから車で行くことも可能。

List 2 ☆　圧巻の巨大露天風呂で心まであたためて

ブルーラグーン
🇮🇸 ICELAND（アイスランド）

実は温泉大国のアイスランド。世界最大の露天風呂といわれる「ブルーラグーン」が特に有名です。ここは世界の有名雑誌で「世界の絶景25」にも選ばれた場所で、シリカやミネラルがたっぷり含まれるブルーが混じった乳白色のお湯。アトピーや湿疹など皮膚疾患に効果があるといわれ、白い泥を顔に塗ってパックするとツヤツヤの美肌に。運がよければ、オーロラが目の前に現れることもあるそう。肌トラブルで悩んでいる人や、ストレスがたまっている人におすすめです。デトックス・美容運をアップしましょう。

✈ 直行便はなく、ヨーロッパの主要都市で乗り継いで約16時間〜。ブルーラグーンまでは、レイキャヴィークからツアー参加が便利。

Have a nice trip!

List 3 ☆ ## 世界初の国立公園で迫力の間欠泉を拝む

イエローストーン国立公園
🇺🇸 **U.S.A.**（アメリカ）

1872年に世界で初めて国立公園に指定され、そのあと世界遺産になったイエローストーン国立公園。最大の見どころは、鮮やかなレインボーカラーの熱水泉「グランド・プリズマティック・スプリング」や間欠泉の「オールド・フェイスフル・ガイザー」など。大自然からの贈り物は、まさに圧巻。一生に一度は見たこともないような神秘的な世界へ足を運ぶべき。知らなかった景色を知ることで、あなたの世界は広がっていきます。人生を謳歌したい人、転機が欲しい人におすすめ。ミラクル運もアップします。

✈ 直行便はなく、アメリカの主要都市で乗り継いでジャクソンホール空港まで約15時間半〜。そこからツアーやレンタカーで約1時間半。

List 4 ☆ ## 果てしなく広がる世界最古の大砂丘

ナミブ砂漠
🇳🇦 **NAMIBIA**（ナミビア）

約8000万年前にできた世界最古の砂漠。砂丘に登って見渡す限りオレンジの世界に溶け込んだら、人間の無力さを感じ自分自身を解き放つことができるでしょう。特にデッドフレイ（死の谷）と呼ばれる乾燥地帯には、枯れ木が点在して異世界のよう。悩みごとなんてどうでもよくなるぐらいの圧倒的なスケールと絶景に、人生観まで変わるはず。受け身体質の人、自分のことを後回しにしやすい人におすすめです。常に携帯やパソコンが手放せない仕事人間の人は、デジタルデトックスの旅をしてみるといいでしょう。

✈ 直行便はなく、日本から乗り継ぎ便で南アフリカのヨハネスブルグ〜ナミビアのヴィントフックまで約24時間〜。そこからツアーなどで約4時間。

CHAPTER 1 マインドナンバー別 *Fortune Trip*

message ▶ No one can stop me! 直感に従って！　　**015**

Mind Number **2**

直観力に優れた

Magician

のあなたへの
オススメは、

フォトジェニックな場所から
刺激をもらう旅

マインドナンバー2は、見る、触れる、聴く、感じるなど、五感をフル活用することで直観力とセンスが鍛えられる人。だからアーティストタイプが多いんです! そのセンスを生かして、ミュージシャン、カメラマン、デザイナー、スタイリスト、メイクアップアーティスト、インスタグラマー、ダンサー、職人、画家、俳優、広告関係など才能あふれる人が多いのが特徴。「私は凡人」なんて思っている人は、自分の眠らせている才能を呼び覚ましましょう。

旅先選びのポイントは、カラフルな場所や刺激をもらえるような場所に行くこと。また感動的なシーンを目にすることで、あなたのなかで何かが開花するはず。すでにセンスや才能を発揮する仕事をしている人も、クリエイティブな部分が刺激される旅が必要。景色や風景を見ただけで、創作意欲が湧いたり、表現したい!と奮い立つことがあなたのエネルギーになります。また職場や学校で素を出せずにいる人は、旅先でこそ大胆なことに挑戦してみて! 派手なメイクやファッションをしてみる、カラオケバーや人前で歌ってみる、コンクールやオーディションにトライするのもいいでしょう。人の目が気になってしまう人ほど、海外では本当の自分らしく過ごせることを探してほしい。そうすることで、めったに起こらないようなミラクルを引き寄せることができるかも。それぐらいマインドナンバー2は、引き寄せパワーをもっている人なんです!

Item

アクセサリー。旅先でビビッときたアクセは、迷わず購入! あなたのお守りになってくれるでしょう。特に宝石や天然石は、二度と同じ石には出会えません。

Action

流行りの店をチェック。ファッショニスタのあなたは、好きなものやセンスがいいものに囲まれることで運気がアップ。事前にガイドブックやSNSで情報収集を。

Foods

ビジュアルスイーツ。目をひくかわいいスイーツがあなたの感度を向上。日本では目にしないような、カラフルで斬新、そしてセンスにひかれる店へGO!

Cosme

発色のいいネイル。普段は仕事や周囲の目が気になってできない人も、せっかくの旅行では派手ネイルにチャレンジ。心がときめくカラフルカラーが◎!

Have a nice trip!

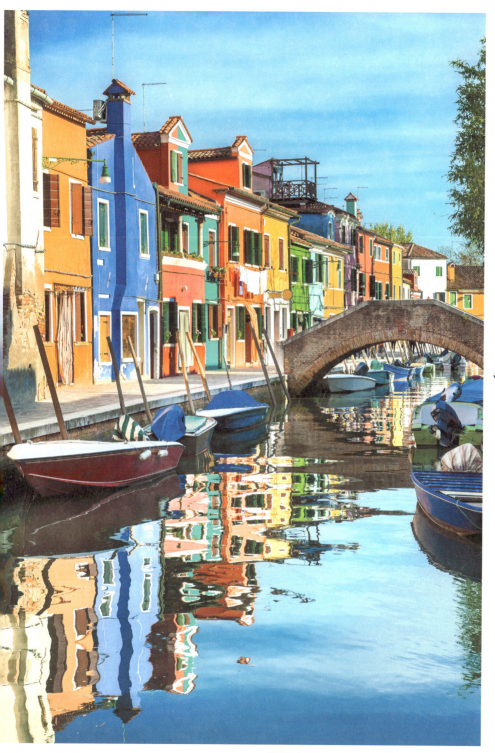

CHAPTER 1 マインドナンバー別 *Fortune Trip*

message 悩んでもキリがない！なら、笑ってしまえ！

Mind Number **2** *Magician* 　行き先候補 List

List 1 ☆ フォトジェニックでかわいい小さな島

ブラーノ島
🇮🇹 **ITALY**（イタリア）

小さな島にところ狭しと並んだカラフルな建物は、SNS映え間違いなし。もとは海に出た漁師たちが帰って来た際に、自分の家をすぐ見分けられるようにペイントしたとのこと。白い糸で一針一針手作りされる繊細なレース刺繍はブラーノ島が発祥の地で名産品。思わずため息がもれてしまいそうな刺繍は、ヴェネツィア商人によって貴族や王族たちに広がり愛されたそうです。機械で作られた大量生産のレースとは違い、職人芸が光る本物の匠の技に感動するでしょう。感性・センス運、金運をアップしましょう！

✈ 日本からヴェネツィアまで乗り継ぎ便を使って約15時間半〜。ヴェネツィア本島からは水上路線バスで約40分。

List 2 ☆ 映画の舞台にもなったカラフルタウン

グアナファト
🇲🇽 **MEXICO**（メキシコ）

メキシコで最も美しいといわれる、街全体が世界遺産のコロニアル都市。ディズニー／ピクサー映画『リメンバー・ミー』の舞台にもなった古都は実にビビッド！おもちゃ箱をひっくり返したようなピンクやイエロー、ブルー、オレンジなどのカラフルな建物が目をひきます。写真を撮るなら街を一望できる「ピピラ記念像の丘」へ。また鳥や花、骸骨などをかたどったメキシコの伝統的切り絵飾り「パペルピカド」もカラフルで、楽しい気持ちにしてくれます。ここではおしゃれ運、感性運、ひらめき運をアップ！

✈ 日本からメキシコ・シティまで直行便で約12時間半。グアナファトまでは飛行機で約1時間またはバスで約4時間半。

Have a nice trip!

List 3 ☆

幻想的で美しい青の世界に迷い込む

シャウエン

🇲🇦 MOROCCO（モロッコ）

家の壁も階段も、扉、植物の鉢も、すべてがブルーに包まれた"青い街"。曲がりくねった路地は迷路のようで、まるで異次元に迷い込んだみたい。無邪気に遊ぶ子供たち、のんびりと歩く猫、ゆったりとした時の流れが日頃の疲れを忘れさせてくれるでしょう。そしてハズせないのがおみやげ選び。カラフルなバブーシュ、おしゃれを格上げしてくれるカゴバッグ、モロッコらしいタジン鍋など本当に見ているだけでも楽しいものばかり。素敵な色彩や柄に心を刺激され、判断能力やインスピレーション運をアップします。

✈ 日本からカサブランカまで乗り継ぎ便で約18時間〜。シャウエンまではフェズ経由でバスを使うと約8〜9時間。

List 4 ☆

生命の力強さを感じるサファリツアー

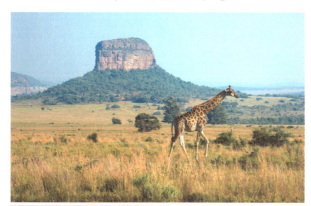

クルーガー国立公園

🇿🇦 SOUTH AFRICA（南アフリカ共和国）

南アフリカを代表する野生動物保護区。200万ヘクタールの広大なエリアを誇り、140種以上の哺乳類、500種以上の鳥類が生息しているそう。動物を探し求めながらドライブすることを「ゲームドライブ」と呼び、サイ、ゾウ、ライオン、バッファロー、ヒョウをはじめとした野生動物との出会いはまるでライオンキングの世界。レンジャーと一緒に歩きながら楽しむウオーキングサファリもあるそうで、ドキドキの冒険のあとは人生観が変わること間違いなし！ 生命力・やる気・行動力運をアップしてくれます。

✈ 日本からヨハネスブルグまで乗り継ぎ便で約20時間〜。ヨハネスブルグからは、車で約5時間〜。

CHAPTER 1 マインドナンバー別 Fortune Trip

message ときには、わがままに、心を解放して！

Mind Number 3

知識と経験が武器

Teacher のあなたへの オススメは、

自分と向き合って 心と体を豊かにする旅

　自分のことよりも周囲を優先し、空気を読んでしまいやすいマインドナンバー3。本当はやりたくないことでも、誰かが困るならと立候補してしまうところがあります。小さい時からしっかり者で、目標達成まで遊びや恋愛を後回しにしたり、チャンスや欲しいものを譲ってしまいがち。

　だから気を回しやすい人ほど、のんびりとひとりでインプットをする旅がおすすめ。プチ留学や、興味のあるレッスンやセミナーに参加する旅なんかもいいです。「私、特に気を回したりしていない」という人は、勉強したいことや興味があることを何でもいいので見つけましょう。料理や語学、ヨガ、アーユルヴェーダ、アロマなど、どんなことでもいいんです。マインドナンバー3は、経験したことや知識、極めたことが糧となり人生を豊かにしてくれます。自然と人があなたのもとに集まってくるように、知識を伝え残すことができるような存在になれるといいでしょう。

　長く人生をエンジョイするタイプですので、何歳になっても興味があることを続けることで若さを維持でき、生きがいをもって豊かな人生を送ることができます。特に39歳から44歳まで、63歳から68歳までは、モヤモヤ期間に突入。人生の基盤を作るときですから、仕事ばかりに追われたり、休日に疲れて家に引きこもってしまってばかりでは、出会うべき縁やチャンスにも出会えません。旅で自分を解放して、新たな自分探しをしてみましょう。

Item
ストール＆スカーフ。うまくいかないことを「ネックになる」というように、首元は風水的に大事なパーツ。1枚あるだけで、おしゃれに防寒にとても便利。

Action
老舗ブランドチェック。シンプルで質がよく長年使える一生モノのアイテムを旅先で購入すると◎。欲しいサイズや金額も事前にしっかりチェックしておいて。

Foods
コーヒー＆スイーツ。人のお世話や面倒を見ることをやめて優雅なカフェタイムを。コーヒーと甘いスイーツを食べながら、ぼんやりする時間が必要です。

Cosme
オイル。自然と人の視線を集める3番は、健康的なお肌が大事。お風呂上がりに使える優秀オイルを手に入れて、髪や顔はもちろん全身ツヤツヤに！

CHAPTER 1 マインドナンバー別 *Fortune Trip*

message 難しいことを考えないで！シンプルな気持ちが答え！ 021

Mind Number **3** *Teacher*　行き先候補 *List*

List 1 ☆
世界に誇る音楽の都で感性アップ

ウィーン
🇦🇹 **AUSTRIA**（オーストリア）

オーストリアの首都ウィーンは音楽の都。ゆかりのあるモーツァルトや、出身のシューベルト、ヨハン・シュトラウスなど、数多くの世界的に有名な作曲家・音楽家を輩出しています。ベートーベンなどウィーンに拠点を移してから名曲を生み出した音楽家も。偉大な音楽家たちの生家から最期を過ごした家や行きつけのお店などを巡るのもおすすめ。また思いっきりドレスアップして「国立オペラ座」に世界最高峰のオペラやバレエを鑑賞しに行くのも◎。才能運、開花運、インスピレーション運がアップするはず！

✈ 日本からウィーンまで直行便で約12時間。市内へもリムジンバスやエアポートトレインなどがあり便利。

List 2 ☆
荘厳な遺跡を巡って歴史を学ぶ

アンコール遺跡群
🇰🇭 **CAMBODIA**（カンボジア）

誰もが一生に一度は行きたいと口にする世界遺産アンコール遺跡群。なかでもアンコール王朝の最高傑作といわれる「アンコール・ワット」は、30年を超える歳月を費やして建立された左右対称の巨大な寺院。圧倒的な存在感を放ち、壁画の緻密さと美しさに圧倒されます。もともとは、ヒンドゥー教の神ヴィシュヌのためにささげられたといわれており、訪れたら繁栄・成功・仕事運アップに効果的。世界遺産エリアにはほかにも「アンコール・トム」や「タ・プローム」などたくさんの見どころがあふれています。

✈ 日本からシェムリアップまで乗り継ぎ便で約10時間～。シェムリアップからは車のチャーターやトゥクトゥクなどが便利。

022　*Have a nice trip!*

List 3 ☆ 美食とともに堪能したいワイナリー巡り

ナパ・ヴァレー
U.S.A.（アメリカ）

ワイン産地のなかでも有名なナパ・ヴァレーには、ワイン好きの人なら誰でも知っているオーパス・ワンやドミナス・エステート、イングルヌックなど最高級のワイナリーが多数。ナパ・ヴァレーには合わせると300以上のワイナリーがあるそう。ワインテイスティングとワインに合う食事をいただきながら、ワイナリーのこだわりや畑の話を聞いて知識をインプット。作り手の思いやおもてなしに感動し、職人のプロ意識に触れるのもいい経験です。癒やし運、ストレス発散・健康運アップにぴったり。

 日本からサンフランシスコまで直行便で約9時間半。ナパまでは車で北へ1時間ほどで、サンフランシスコから出ている観光バスの利用も。

List 4 ☆ 見どころ凝縮でひとり旅にぴったり

マカオ
MACAU（中華人民共和国マカオ特別行政区）

小さな面積に30もの世界遺産があり、今やラスベガスを抜いて世界一の売り上げを誇るカジノ都市へと成長を遂げたマカオ。米有力誌のホテル格付けによると世界で5つ星レストランと5つ星スパが最も多い都市だそう。ノスタルジックな街並みと洗練された建物が共存し、最高級のサービスがどんどんアップデートされているマカオ。刺激と癒やし、気分転換におすすめです。英語が通じやすくコンパクトなので、女性のひとり旅にもいい場所。SNS映えするスポットも満載です。

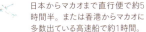 日本からマカオまで直行便で約5時間半。または香港からマカオに多数出ている高速船で約1時間。

CHAPTER 1 マインドナンバー別 *Fortune Trip*

message 許すこと。あなた自身を、そして他人を。

023

Mind Number 4

流行に敏感な

Queen のあなたへのオススメは、

ファッションの中心地や今話題のエリアを制覇する旅

　マインドナンバー4は、仕事も恋も望み通りに手に入れている人ばかり。キム・カーダシアンやメーガン妃など4番の有名人はとても豪華です。このふたりは実際に結婚前までゴタゴタがあっても、諦めず本能の赴くまま自分の意思を貫いたという感じがします。何が自分にとって幸せなのかを理解し、欲しい！と思ったものは、どんなに大変な思いをしてでも手に入れている人が多いようです。そして多少のトラブルなら乗り越えられる強さがあります。おしゃれをすることを忘れてしまうことは、人生を放棄しているのと同じ。それぐらい着飾って美しくいることが、マインドナンバー4の人にとって大切なこと。子供を産んでも年を取っても、いつまでも美しく女性らしさを保つことが開運のポイントです。さらにお金のことでケチケチするのも運気ダウンの元。このナンバーに生まれたら、自らの人生をより輝かせるようなアクションを意識的にしなければいけません。

　ハイクラスで洗練された旅先が、あなたに特別な出会いを与えてくれるはず。またトレンドを押さえた場所に行くのもよし。直行便が新規就航した、ビザが解禁になったなど話題のエリアを率先して選んで。クイーンのあなたは、躊躇なくお金を使って特別感を味わうことが宿命。日頃は節約モードにしておいて、大切な旅でドーンと使えるように準備しておいて。

Item
勝負服。このナンバーがいくつになっても失ってはいけないのは、セクシャリティー。使い古した下着を付けて部屋着のような洋服で旅をしてはNG！

Action
ご褒美ショッピング。やる気とモチベーションを上げてくれます。欲しかったものや好きなブランドを思い切って購入。現地のセール時期をチェックしておいて。

Foods
話題のフード。最先端の流行に敏感なマインドナンバー4。「そこはもう行ったよ！」と友人たちに言えるくらい、メディアよりも情報をいち早くキャッチして！

Cosme
ボディクリーム。ゴージャスで憧れ女性のアイコンとなる人が多い、マインドナンバー4。ボディクリームで全身を保湿して、いい香りに包まれて不運を遮断。

CHAPTER 1 マインドナンバー別 *Fortune Trip*

message 偶然は神様がくれたチャンス！ 逃さないで！

Mind Number **4** *Queen* 行き先候補 *List*

List 1 ☆ ファッション＆エンタメの情報発信地

ニューヨーク
🇺🇸 U.S.A.（アメリカ）

グルメにファッション、エンターテインメントまで世界の最先端を体感できるニューヨーク。たとえノープランでも、ブラブラすることですら楽しい場所です。『ゴシップガール』『セックス・アンド・ザ・シティ』『ティファニーで朝食を』など、ニューヨークを舞台にしたドラマや映画は数え切れないほど。物語の主人公を気取ってみたり、映画に出ていたお店をはしごしてミーハー気分炸裂で過ごしてみて。セレブとの遭遇率も高いので、会えたら超ラッキー。金運、セレブ運、引き寄せ力がグンとアップします！

 日本からニューヨークまで直行便で約13時間半。

List 2 ☆ ファッショニスタに交じってお買い物

ミラノ
🇮🇹 ITALY（イタリア）

北部イタリア最大の都市ミラノは、食べてよし！買い物してよし！街並みよし！建築物や芸術作品に囲まれ、歴史とモードが融合する最先端ファッションも見逃せません。特に年2回開催されるミラノコレクションの時期は、世界中からファッショニスタが大集合。街が熱気に包まれます。ゴシック建築の最高傑作ドゥオーモや「サンタ・マリア・デッレ・グラツィエ教会」、レオナルド・ダ・ヴィンチの名画『最後の晩餐』など見どころが満載。チャンス運、仕事運、幸運力アップを狙いましょう！

 日本からミラノまで直行便で約13時間。

Have a nice trip!

List 3 ☆　　感動すら覚える美しすぎる青の装飾

サマルカンド
🇺🇿 UZBEKISTAN（ウズベキスタン）

直行便の就航やビザの免除で俄然注目されている、ウズベキスタン。なかでも世界遺産サマルカンドは、サマルカンド・ブルーと呼ばれる鮮やかな青いタイル基調の霊廟が建つ美しい街。シルクロードの顔とも称される「レギスタン広場」では、細かな装飾が施された「メドレセ」（イスラム教の神学校）が圧倒的な存在感を放っています。大理石の説教台を3周回りながら願い事をすると願いが叶うという、「ビービー・ハーヌム・モスク」も必訪！ 幸運力、奇跡運、チャンス運をアップさせて。

✈ 日本から首都タシケントまで直行便で約9時間。地方都市からはソウルで乗り継ぎも便利。サマルカンドまでは高速鉄道で約2時間。

List 4 ☆　　一生忘れない神秘的で壮大な遺跡群

バガン
MYANMAR（ミャンマー）

ミャンマーの古都で考古学保護区でもあるバガン。世界にも類を見ない遺跡群は、カンボジアのアンコール・ワット、インドネシアのボロブドゥールとともに世界三大仏教遺跡のひとつ。2019年に世界遺産に登録されたばかりの注目の場所です。広大な敷地に3000以上のパゴダ（仏塔）が建ち並ぶ姿は、凛々しくて壮観。朝日に染まる幻想的な遺跡群を気球に乗って眺めたら、モヤモヤした気持ちなんて吹き飛ばしてくれるでしょう。デトックス、マインドチェンジ、ポジティブ思考に最強の旅先です。

✈ 日本からヤンゴンまで直行便で約8時間。ヤンゴンからバガンまでは飛行機で約1時間。1日1便の直通の特急列車は約12時間。

CHAPTER 1　マインドナンバー別　Fortune Trip

message ▸ Just be you. すべては、あなた次第！　　**027**

Mind Number 5

妥協を許さない

King のあなたへの オススメは、

由緒正しき王室や王族と縁のある場所を巡る旅

　マインドナンバーのなかで最もお金やステータスに縁があるマインドナンバー5。男性性が強く、サバサバして効率よく仕事ができる人が多いのが特徴です。女性グループで群れたり、悪口を言ったり聞いたりするのが苦手。負けず嫌いなところがあるので、目標達成のために一生懸命働きます。仕事運は職場の環境や上司次第で大きく変わります。プライベートではパートナーが忙しい場合、彼の右腕となって家族の統一や子供たちの未来のために動き回ることができます。

　もともとマインドナンバー5は、ビジネスセンスがあり、起業したり出世したり成功する人が多いナンバー。もし、今、お金に縁のない生活をしているなら、思考や行動を見直すべきです。あなたが本来持っている運命を生きていません。キングのパワーを強化するために王室がある国やお金が集まる場所に行って刺激をもらうことが大事です。ハイクラスな世界や暮らしを間近で見ることで夢も広がるでしょう。向上心と好奇心が、あなたをさらに次のステージへ誘導してくれます。特に26歳から29歳、50歳から53歳までは、24年に1度しか巡ってこない大大大大運命期！そして36歳から40歳、60歳から64歳は24年に1度しかやってこない大大大大チャンス！今まで何も挑戦してこなかった！という人は、ぜひともビジネスプランを練ってみて。旅のお供にカリスマ経営者の本やビジネス書を選んで、マインドをキングらしくもっていきましょう。

Item
羽織りもの。おなかを壊しやすい、ゆるみやすいマインドナンバー5。旅先で体調を崩しこじらせてしまわないよう、どんなときでも1枚羽織りものを持っておくと◎。

Action
朝の散歩。朝早く目が覚めたら、カフェでゆっくりしたり、市場があれば散策したり、ホテル周辺をまるで地元っ子のように過ごして現地に溶け込んでみて。

Foods
王室御用達のお菓子。本物志向なので、安物よりいいものを少しだけのほうが合っています。キングたちがひいきにしているお店のお菓子が、運気を爆上げ！

Cosme
オールインワン。せっかちでテキパキしているあなた。基礎化粧品はあれこれ用意するよりも、高機能でハイグレードなオールインワン1本を持参して。

CHAPTER 1 マインドナンバー別 *Fortune Trip*

message 笑顔はお金のかからない最高の武器！

029

Mind Number **5** *King*　行き先候補 *List*

List 1 ☆　王室ゆかりの必訪スポットが多数！

ロンドン
🇬🇧 UNITED KINGDOM（イギリス）

アートに音楽、ファッションに美容、本場の紅茶など最高のものが集まる刺激あふれるロンドン。なかでもウィリアム王子とキャサリン妃の結婚式が行われた「ウエストミンスター寺院」や、ダイアナ妃が住んでいた「ケンジントン宮殿」は必訪スポット。さらに今もエリザベス女王の住居として使用されている「バッキンガム宮殿」は世界でも珍しい宮殿。長帽子に真っ赤な制服をまとった宮殿衛兵交代式はロンドン名物といえます。ビシッと揃えられ行進する姿を目に焼き付けて、金運・成功運・セレブ運アップを狙いましょう！

✈ 日本からロンドンまで直行便で約12時間半。

List 2 ☆　セレブが集う世界屈指の高級リゾート

モンテカルロ
MONACO（モナコ公国）

面積はわずか2㎢と、バチカン市国に次ぐ世界で2番目に小さい国モナコ公国。総人口の約3分の1がミリオネアという富裕層の国です。なかでもモンテカルロは、5つ星の高級ホテルやカジノ、劇場、高級スパ、高級ブランド店などが集中するラグジュアリーな街。毎年開催されるF1レースの「モナコグランプリ」も、モンテカルロの道路を走行し街を盛り上げています。美しい海はセレブをとりこにし、治安もよく女子旅にも安心。ちょっぴりリッチな気分になって、金運、健康運、チャンス運をアップして！

✈ 日本からパリまで直行便で約13時間。パリから直通のTGVで約6時間〜。ニース・コート・ダジュール空港からバスで約30分。

030　*Have a nice trip!*

List 3 ☆ 　王宮やきらびやかな寺院に心奪われる

バンコク
🇹🇭 THAILAND（タイ）

"東南アジアのハブ"として世界中から注目が集まる国際都市バンコク。物価も比較的安く時差はマイナス2時間と、サクッと弾丸旅ができるから忙しい人におすすめ。王室の守護寺である「ワット・プラケオ」は、ハズせない観光スポットのひとつ。きらびやかな寺院をはじめ、水上マーケットや屋台、ムエタイに象乗り、トゥクトゥクなどバンコクにはワクワクするものばかり。笑顔不足やストレスフルな人はパーッと日常を忘れにバンコクで気分転換を。開運、幸運、行動力運を引き上げてくれます！

✈ 日本からバンコクまでは直行便で約7時間。

List 4 ☆ 　冒険心がかきたてられる超巨大古代遺跡

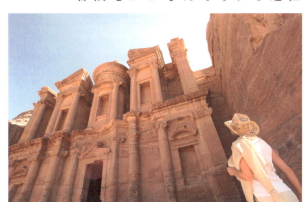

ペトラ遺跡
🇯🇴 JORDAN（ヨルダン）

ヒット映画のロケ地になってから一躍世界的に有名になった、中東ヨルダンのペトラ遺跡。ペトラとは、ギリシア語で崖、岩を意味するように、断崖と岩山に囲まれた秘境感あふれる場所です。いまだ遺跡の発掘調査中で2014年の段階では85％が未発掘とのこと。訪れたら冒険家や探検家の気分で、ロマンを感じることができるでしょう。また女王クレオパトラも魅了されたという死海では、プカプカ浮かびながらたっぷりのミネラルを吸収してキレイをアップ。実現運、ハングリー精神、行動力運に効果絶大です。

✈ 日本からヨルダンまで中東各都市で乗り継いで約18時間〜。ペトラ遺跡のあるワディ・ムーサへは、アンマンやアカバからバスで約3時間。

CHAPTER 1　マインドナンバー別　*Fortune Trip*

message　気持ちを伝えよう。真心を言葉にして届けよう。

Mind Number 6

気を使いやすい

Messenger

のあなたへの
オススメは、

ヒーリングや癒やしの体験を盛り込んだ旅

　マインドナンバー6は、とにかく気遣いの達人。おもてなし精神にあふれ、誰とでもコミュニケーションを取ることができます。だからこそ気づかぬうちにストレスフルになってしまい、万年疲れてしまっているかも。常に頭がフル回転しているので、ゴールデンウイークや年末年始などの長期休みのときに気が抜けて体調を崩して寝込んでしまうことも。八方美人になりすぎてしまうところもあるので、休みが取れたら養生の旅をしましょう。誰にも気を使うことなく、自分のためだけの時間を過ごす。体や心のデトックス&リラックスを求めて旅立ちましょう！

　日頃ジャンクフードやコンビニなどで簡単に食事を済ませてしまっている人は、旅先では食べ物にもこだわって。いつも以上に時間をかけてゆっくり食事の時間を楽しみましょう。日中は自然のなかを散歩したり、日光浴をしたり、鳥の鳴き声を聞いたり、都会の喧騒を離れて頭を空っぽにして心のデトックスをしましょう。ネガティブなことやお金のこと、仕事のことを考えない。朝日とともに目覚め、日が沈んだら寝るというシンプルライフが、崩れていた心身のバランスを整えてくれ幸せホルモンを出してくれるはず。だから「休みがない！」なんて言わないで、勇気をもって休みをつくって。旅に出ることをルーティンにしましょう。人とのご縁を強くもっているあなただから、旅先でたまたま居合わせた人と仲良くなるってこともありますよ！

Item
パジャマ。体力を消耗しやすいマインドナンバー6にとって、寝不足や浅い睡眠は絶対にダメ。肌触りがいいパジャマを着て快眠したら、運気がアップします。

Action
文房具チェック。知り合いが多く心のこもったやり取りができるあなた。海外で誕生日カードや旅先の絵はがきなどを購入して。書きやすいペンやノートも◎。

Foods
ヘルシーフード。肌荒れや口内炎を起こしやすく、咳や湿疹が出るなどのストレスサインが体に表れやすいタイプ。おいしく体にいいものを食べて。

Cosme
ナチュラルコスメ。好奇心旺盛なあなたには、環境や素材にこだわったナチュラルコスメがおすすめ。作り手の純粋なエネルギーがもらえるはず。

CHAPTER 1 マインドナンバー別 *Fortune Trip*

message 困難は成長のカギ。乗り越えられるか挑戦してみよう。

Mind Number **6** *Messenger* 行き先候補 *List*

List 1 ☆ マイナスイオンを浴びてリチャージ

プリトヴィツェ湖群国立公園
CROATIA（クロアチア）

マイナスイオンたっぷりの世界自然遺産、「プリトヴィツェ湖群国立公園」。階段状になった16の湖と無数の滝がつながった、世界でも珍しい場所です。美しいエメラルドグリーンの湖を眺めながらハイキングをしたら、心身ともにリフレッシュできること間違いなし！ 春の新緑、夏の濃い緑、秋の紅葉、冬の雪景色と季節ごとに見せる表情が違うから、1年中いつ訪れても楽しい場所です。園内にある遊覧船やバスは、環境に配慮してすべて電動のエコ仕様だそう。浄化運、健康運、変化運を身につけましょう。

日本からザグレブまでヨーロッパの各都市などで乗り継いで約16時間〜。ザグレブからバスで約2時間〜2時間半。

List 2 ☆ 温泉天国で非日常のリラクセーション

ブダペスト
HUNGARY（ハンガリー）

ヨーロッパで最も美しい街並みのひとつに数えられ、エリア丸ごと世界遺産に登録されているハンガリーの首都ブダペスト。その美しさから「ドナウの真珠」などと称されています。街並みが美しいだけではなく、「セーチェニ温泉」という世界的に有名な温泉施設があるのがポイント！ 鮮やかな黄色の外観で、一見すると宮殿のようにも見えるかわいらしい建物です。屋内に15種類、屋外に3種類の温泉があり1日中のんびりして疲れを癒やせます。健康運はもちろん責任感や信頼運がアップします！

 日本からブダペストまでヨーロッパ各都市などで乗り継いで約15時間〜。セーチェニ温泉は、地下鉄セーチェニ温泉駅から徒歩約3分。

Have a nice trip!

List 3 ☆

大地のパワーを感じる瞑想タイム

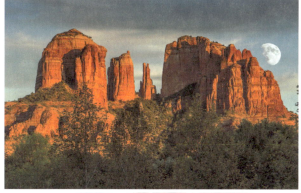

セドナ
🇺🇸 U.S.A.（アメリカ）

ネイティブアメリカンの聖地で四大ボルテックスのエネルギーを感じることができる世界屈指のパワースポット。最も人気なのは直感と決断の山とも呼ばれ男性的な力強いパワーをもらえるといわれている「ベルロック」。そのほか前進、挑戦するパワーをもらえる「エアポート・メサ」。人間関係に疲れたとき、家族の悩みを抱えたとき、寂しさや孤独を感じたときにおすすめの「カセドラルロック」。強力な女性エネルギーを放出するといわれる「ボイントンキャニオン」。そのときどきで自分が求める場所を訪れてみて。

日本からフェニックスまで乗り継ぎ便で約13時間～。フェニックスからレンタカーなどで約2時間～。ラスベガスから車で行くことも可能。

CHAPTER 1 マインドナンバー別 Fortune Trip

List 4 ☆

神秘的な聖なる泉でダイビング

セノーテ
🇲🇽 MEXICO（メキシコ）

何百万年もの時間をかけて、陥没穴に地下水がたまった天然の泉がセノーテ。まさに地球が生み出した奇跡です。マヤ文明の時代には雨の神チャクが宿ると人々に信じられており、雨乞いの儀式が行われていた聖なる場所でもあったとか。最大の魅力は、水の透明度！ユカタン半島には数千といわれるほどのセノーテがあり、場所によってエメラルドグリーン、コバルトブルーなど映し出される色がさまざま。神秘的な世界に潜ったら、地球と一体化した気分になれるはず。デトックスや浄化にぴったり。

日本からカンクンまで乗り継ぎ便で約16時間半～。カンクンからセノーテまでは車で約1時間半～。ツアーに参加するのが便利。

message ▶ 時は戻らない。みんなわかっているのに忘れてしまう。"今"をもっと大切に。

Mind Number **7**

人々に愛される

Lover ののあなたへのオススメは、

プリンセス気分で
宮殿やお城、庭園を散策する旅

　マインドナンバー7は、とにかく幸せでいられるように自ら行動することが大事。シンデレラが魔女にお願いして素敵なドレスに身を包み、王子様のいる舞踏会に行ったことでシンデレラストーリーを手にしたように、あなたも自分自身を引き上げるような素敵な旅をたくさんしましょう。私の鑑定でも、せっかくラバーなのに舞踏会に行かずドレスを脱ぎ捨て仕事ばかり、戦いばかりの武道会に行ってしまっている人がたくさんいます。でもそんな暮らしは合っていません。褒められて育つタイプですし、怒られたり、目の敵のようにいじめられるなんて不幸話は絶対にダメ。わがままが許され、何があっても憎めないキャラクターでかわいがられる人生があなたにぴったりなんです。

　今そんな人生を歩んでいないのなら、あなたを特別扱いしてくれる環境や友達を探すことが最優先。お姫様物語のように、最初は大変なことがあっても最後はハッピーエンドでいる必要があります。そのためには、旅に出て日本にはない美しい場所に出かける、うっとりするお洋服を着る、行きたいと思っていた話題の店を訪れるなど、ワクワクする体験を重ねてあなたのなかにいるプリンセスを目覚めさせて！ プリンセスのシンボルがドレスや宝石のように、あなたにとって素敵なお洋服、アクセサリー、靴、家、車は、人生を豊かにしてくれる大事なもの。テンションが上がるような旅をして貧乏神、不幸体質を浄化しましょう。

Item
新品のもの。物欲があることで生きることに意欲が出る7番。旅先で買ったものはポジティブパワーがこもっているので、日常使いできる新品を買って帰って。

Action
SNS映えスポットで自撮り。インスタ映えするスポットでの撮影で気分がアップします。また旅を振り返るときに、当時の自分を思い出すことが必要です。

Foods
有名人が通う人気店。マインドの状態が運気を表すといっても過言じゃない7番。にぎわっているスポットを訪れることで、あなた自身も運気がグンと向上。

Cosme
セレブ愛用コスメ。マインドナンバー7は、美しいビジュアルが大切。いつも見られている意識を持って、キレイをキープ。カリスマ性、魅力運をアップさせて！

Have a nice trip!

CHAPTER 1 マインドナンバー別 *Fortune Trip*

message 日焼けは太陽からのキス！人生というバカンスを楽しんだ証！

Mind Number **7** *Lover* 行き先候補 List

List 1 ☆ 世界三大美術館でアートと歴史を学ぶ

サンクトペテルブルク
RUSSIA（ロシア）

人気の旅先ロシアのなかでも、美しいものが集まるサンクトペテルブルクがあなたにおすすめ。建物自体が世界遺産で世界三大美術館でもある「エルミタージュ美術館」は必見です。美術館を構成するひとつ「冬の宮殿」のきらびやかな内装にはうっとり。そして玉ねぎ型のクーポラが特徴の、「血の上の救世主教会」もカラフルでおとぎ話に出てきそうな雰囲気。ロシア装飾建築の最高傑作とも称される壁や天井を覆うモザイク画に目を奪われます。美しさに触れてステータスや行動運、グレード運をアップ！

日本からサンクトペテルブルクまでモスクワまたはヨーロッパの主要都市で乗り継いで約13時間半〜。

List 2 ☆ 最強リゾートの神聖スポットを巡る

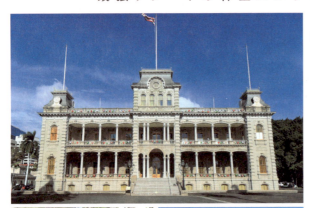

オアフ島・ホノルル
HAWAII（ハワイ）

海外旅行初心者やひとり旅でも安心して過ごせる楽園ハワイ。ハワイは1795年から1893年まで王国だったので、王族が住んでいました。ホノルルにはその王族ゆかりの地が多く点在しています。アメリカに存在する唯一の宮殿「イオラニ宮殿」や、ワイキキの「ロイヤル・ハワイアン・センター」などもそのひとつ。もともとハワイ語でホノルルは「穏やかな入り江」、ワイキキは「水が湧くところ」の意味があり、水のパワーが強い場所。浄化・恋愛運、金運アップのオールラウンダーのパワースポットです。

日本からホノルルまで直行便で約7時間。観光の中心地ワイキキまでは車で約30分〜。

List 3 ☆ 世界遺産の街で中世にタイムトリップ

プラハ
CZECH REPUBLIC（チェコ共和国）

古い街並みがノスタルジックな気分にさせるプラハ。最古の石橋「カレル橋」には、左右に15体ずつ計30体の聖人像が並んでいます。なかでも聖ヤン・ネポムツキーの聖人像に注目。台座のレリーフに触れると幸せが訪れるという言い伝えがあります。さらに旧市街広場方面に歩くと南京錠がつけられた柵のようなものが。ここは聖ネポムツキーが殉教した場所で、柵の下にある十字架に触ると願いが叶うといわれています。南京錠は、恋人たちが愛を誓った証。カップルで願掛けし、成就運、恋愛運アップに行きましょう。

 日本からプラハまでヨーロッパ主要都市で乗り継いで約15時間〜。

List 4 ☆ 咲き誇る色とりどりのチューリップ

キューケンホフ公園
NETHERLANDS（オランダ）

1年のうち春の約2ヵ月間しか開園していない世界最大のフラワーパーク。東京ドーム8個分、約32ヘクタールの敷地には、チューリップをはじめとした球根植物が800種類以上、700万株以上植えられ圧巻。花は風水で開運に欠かせないアイテム。花を飾ることで邪気を払ってくれ、花を愛でることで余裕が生まれて優しいオーラを身にまとうことができます。カラフルな花とあなた自身を写真に収めたらパーッと明るい気持ちにしてくれるはず。見渡す限りの美しい花々の絨毯に囲まれてみて！

 日本からアムステルダムまで直行便で約12時間。キューケンホフ公園へはアムステルダムから出る観光バスの利用が便利。

CHAPTER 1 マインドナンバー別 *Fortune Trip*

message — No smile, no happiness. 幸せはいつもそばに。

Mind Number 8
欲望に貪欲な
Fighter
のあなたへの
オススメは、

想像力をかきたてるアートや建築に触れて好奇心を満たす旅

　マインドナンバー8の有名人は、アメリカで最も裕福なセレブリティに史上最年少でリスト入りしたカイリー・ジェンナーをはじめ自分のスタイルをもつ人ばかり。個性の塊のような人が多いのが特徴で、自分のやりたいことをやり通すキャラクター性やアイデンティティが必要。自分に似合うもの、似合わないものを熟知していて、センスも洗練されています。

　今、「私って野暮ったい」「すぐに周囲に流されてしまう」と悩んでいる人は、まず自分自身に向き合うべし！ 特に今後の仕事や未来に漠然と不安があったり、違和感を感じている人はなおさらです。また個性を伸ばすヘアスタイルやコーディネート、考え方や人生観などあなたイズムを確立できるようにするといいでしょう。誰かのまねをするのではなく、まねされるようになることがあなたの生き方。仕事や趣味、特技も"やりたい！"と突き動かされるようなものを見つけることで、人生の転機を手にするはずです。

　旅のポイントは、世界中の美術館や美しい建物に行き刺激をもらうこと。また有名アーティストが通っていた場所やお気に入りのお店など、当時と同じままの場所を訪れることで開眼することもありそう。旅先では好印象を与えるためにあいさつやお礼の言葉、ちょっとしたやり取りを現地の言葉で言えるようにしておくことも運気アップに効果的です。

Item
お気に入りのめがねやサングラス。個性とキャラクターが大切な8番。そのときの気持ちやムードで使い分けて、人からの印象をコントロールしましょう。

Action
現地の人との会話。何事も掘り起こしたくなるタイプ。ホテルやレストランのスタッフとの会話を楽しんで、在住者がおすすめするディープな場所に行くことが吉！

Foods
ローカルフード。ソウルフードと呼ばれるような地元でしか味わえない料理を堪能して。そうすると、その国のエネルギーを丸ごといただくことができます。

Cosme
日本未上陸コスメ。できればインターネットでも購入できないようなコスメが◎。簡単に手に入らないものほど、強力なパワーを持っています！

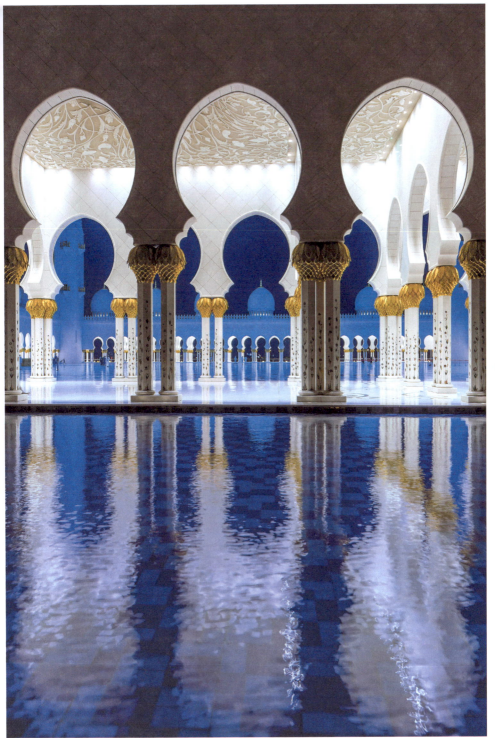

CHAPTER 1 マインドナンバー別 *Fortune Trip*

message あなたの限界を決めているのはあなた。

Mind Number **8** *Fighter* 　行き先候補 List

List 1 ☆　時代を超えて共存する世界的アートスポット

アブダビ
🇦🇪 U.A.E.（アラブ首長国連邦）

アブダビの有名観光スポットといえば、「シェイク・ザイード・グランドモスク」。真っ白な大理石が圧倒的な存在感を放ち、凛とした高貴なたたずまいが目をひきます。総工費はおよそ550億円！メインホールには約2年という年月をかけ仕上げた、世界最大といわれる手織りのペルシア絨毯が。お値段およそ9億円。モスク内はどこを見渡しても一級品ばかりです。また2017年にオープンした「ルーブル・アブダビ」も必訪。素晴らしいコレクションをじっくり鑑賞しながら金運、強運、セレブ運をアップしましょう。

✈ 日本からアブダビまで直行便で約12時間。ドバイからも車で約2時間で行くことができる。

List 2 ☆　世界一美しいと称されるモスクと歴史地区

イスタンブール
🇹🇷 TURKEY（トルコ）

まるで魔法使いでも現れそうなトルコ最大の都市、イスタンブール。世界で最も美しいモスクとも称される「スルタンアフメット・モスク（別名ブルーモスク）」は見もの。祈りをささげるモスクは厳しく管理され、その空間に身を置くことで身が引き締まります。浄化・デトックス運を上げましょう。また迷路のような「グランドバザール」は、世界最大規模の市場。異国情緒を味わいながら商人との価格交渉を楽しんで。駆け引きで商売というものを学ぶことで、交渉運・コミュニケーション能力をアップできるでしょう！

✈ 日本からイスタンブールまで直行便で約13時間。空港からはエアポートバスで約1時間半〜2時間。

List 3 ☆ ## 街全体が丸ごとアートのような美の都

パリ
🇫🇷 FRANCE（フランス）

人生で一度は訪れたいパリ。「エッフェル塔」は、永遠のロマンティック・アイコン。塔はもともと引き寄せ力を象徴する建物です。「ルーヴル美術館」や「凱旋門」、「サクレクール寺院」などとにかく見どころ満載。なかでもゴシック建築の礼拝堂「サント・シャペル」は、パリ最古のステンドグラスで"聖なる宝石箱"とたたえられるほど美しく感動的です。さらにパリはルイ・ヴィトンやエルメスといった高級メゾンの宝庫。素敵なブランドが誕生するのも納得するほどドラマチックな街は、魅力運、恋愛運、成長運をアップさせてくれます。

 日本からパリまで直行便で約13時間。

List 4 ☆ ## 写真映え抜群、話題の注目エリア

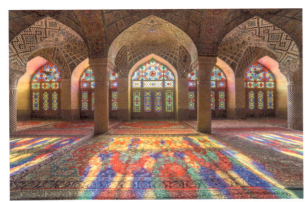

シーラーズ
🇮🇷 IRAN（イラン）

マインドナンバー8には、ツウでマニアック、非日常的な場所ほどおすすめ。イランのシーラーズなら、ペルシア音楽や絨毯の販売など異国情緒あふれるものとたくさん触れ合えるでしょう。おすすめはピンクモスク・ローズモスクと呼ばれる「マスジェデ・ナスィーロル」。鮮やかな光とステンドグラスの色が堂内に入り込み、幻想的な世界を映し出す礼拝堂はまるで万華鏡みたい。古代遺跡「ペルセポリス」への訪問もハズせません。何も考えずのんびり過ごすことで、日頃の疲れも取れて転機運がアップします。

日本からドバイで乗り継いでシーラーズへ約16時間半〜。中東の他都市やテヘラン経由の場合は約20時間〜。

CHAPTER 1　マインドナンバー別　*Fortune Trip*

message　ケセラセラ、人生はなんとかなるさ！のおまじない。

Mind Number 9

自由で天才肌の

Balancer

のあなたへの
オススメは、

豊かさを体感できる
美しい国で開眼する旅

　ピースフルであたたかい心を兼ね備えたあなた。かなりの年下から親子ほど年の離れた年上の人まで交友関係がとても幅広いのが特徴です。特に外国人の友達や海外に住む日本人との交友は、行動範囲や出会いを広げてくれます。好奇心旺盛なあなたは、友達からの誘いやおすすめを教えてもらうと必ず行きたくなるでしょう。あなたにとって距離なんて関係なし。会いたい人や行きたい場所にはどこでも出向くことで運気がアップします。お金や時間を言い訳にしていたら、チャンスは永遠にやってきません。いつでもアクティブに動き回り世界中を旅することがあなたのテーマです。なかでも争いのない穏やかで平和な場所がぴったりですよ。

　またあなたはマインドナンバーのなかで、最も目に見えない世界やスピリチュアルに縁があります。何となく思った通りになったり、嫌だなと直感的に感じる場所があったり、九死に一生を得る経験をしたことはありませんか？　どんなにピンチになっても、ガーディアンによって守られているのです。さらにサイドビジネスやセカンドキャリアに縁があります。将来的に今の仕事とはまったく違う仕事に就くこともありますし、お気に入りの場所を見つけてしまったら、デュアルライフを送ることがあるかも。ちょっと会わないだけで、ガラッと人生が変わっているなんてこともあるのです。常に目が離せない存在が、マインドナンバー9なのです。

Item
フェアトレードアイテム。環境にも地球にも優しいものが吉。大量生産のものより高くてもメッセージのこもったアイテムはあなたの心を豊かにしてくれます。

Action
旅先でお気に入りの音楽を見つける。直感や感性があなたの明るい未来をつくります。現地の民族音楽や旅先で出会った流行りの曲は、聴くだけで気分がアップ！

Foods
限定メニュー。期間限定、店限定など特別なメニューがあったら、何にでもトライしてみて。チェーン店や定番メニューばかりではチャンスが激減します。

Cosme
ハイライト・パウダー。ハイライトを効果的に使って、疲れた肌やくすみ肌をパッと明るくツヤ肌に。自信をもって笑顔でいられることが運気アップには重要！

CHAPTER 1 マインドナンバー別 *Fortune Trip*

message 空を見よう！どこまでも続く空のように心を羽ばたかせて。 045

Mind Number **9** *Balancer* 行き先候補 List

List 1 ☆ 山岳リゾートからスイスの名峰を拝む

マッターホルン
 SWITZERLAND（スイス）

思わずスキップして歌い出したくなるぐらい、まるでアルプスの少女ハイジの世界が広がります。どこまでも続く青い空、見渡す限りの大自然に身を置くことで、悩んでいることがちっぽけに思えるはず。深呼吸をしたくなるほどの澄み切った空気のなかで見る逆さマッターホルンにも癒やされます。日々の疲れをすべて大自然に出し切って、軽やかになりましょう。スイス料理は、チーズフォンデュやラクレット、ブラートヴルストなど素朴で素材の味を生かした料理ばかり。デトックスや健康運アップに最強です。

日本からチューリヒまで直行便で約12時間半〜。ツェルマットまでは列車で約3時間半。

List 2 ☆ おとぎの国のようなメルヘンタウン

コペンハーゲン
 DENMARK（デンマーク）

歩くだけで様になる、絵本の世界に迷い込んだような街並みのコペンハーゲン。とりわけ運河沿いのカラフルなエリア、ニューハウンはぜひ訪れてほしい場所。赤、黄色、ピンク、ブルーなど実に色とりどりで、目からいい運気を吸収させてくれます。カラフルな色の洋服を取り入れたコーディネートも楽しんで。そしてデザイン大国のコペンハーゲンは、雑貨や家具も思わず手に取りたくなるものばかり。「かわいい！」「いいかも！」と思う気持ちが直観力やセンスを鍛えてくれ、恋愛運がアップします。

日本からコペンハーゲンまで直行便で約11時間20分。

List 3 ☆ ストレスフリーでハッピーになれる場所

フィジー
🇫🇯 **REPUBLIC OF FIJI**（フィジー共和国）

「世界幸福度調査」※で3年連続1位に輝いたフィジー。経済的にはまだ発展途上国だけれど、心は幸福でいっぱい。フィジーを旅すると、陽気で明るい地元の人たちの笑顔でハッピーになれるはず。「ケレケレ」（お願い）という文化があり、何かしてほしいときや助けてほしいときに「ケレケレ」と言うと誰もが気持ちよく助けてくれるそう。だからお金がなくても仕事がなくても幸せになれるのです。人間関係や円満運をアップする場所なので、人間不信で心が疲れている人、明るいことが考えられない人におすすめ！

日本からナンディまで直行便で約8時間半。約330ある各島には高速船やボートで移動する。

※米国の世論調査会社ギャラップ・インターナショナルとWINによる共同調査

List 4 ☆ 創造的で魅力あふれるライフスタイル

テカポ
🇳🇿 **NEW ZEALAND**（ニュージーランド）

エコでナチュラルなライフスタイルが話題のニュージーランド。南島にあるテカポは、世界一星空が美しいといわれる場所です。運がよければオーロラまで見られ、世界初の星空世界遺産として検討もされています。見渡す限りの星空は、あなたと宇宙をつないでくれる神聖な場所。昼間も美しく、旅行するならテカポ湖周辺にルピナスが咲き誇る初夏がおすすめ。ルピナスの紫と、湖のミルキーブルーのコントラストは絶景です。仕事運、金運、強運をアップしてくれるパワースポット。訪れたら人生観が変わるかも!?

日本からオークランドまで直行便で約10時間40分。レイク・テカポまではクライストチャーチから長距離バスで約3時間35分。

CHAPTER 1 マインドナンバー別 *Fortune Trip*

message ▶ 終わりは始まり。手放す勇気を。　**047**

恋人も友達もグループも！
旅の相性が分かる

CHEMISTRY NUMBER

人との相性を占うケミストリーナンバーで、一緒に行くといい旅先や旅のテーマがわかります。例えば計画的に順序よく行動したいタイプと、その土地で行き当たりばったりの偶然を楽しみたいタイプでは、ペースが合わず喧嘩の原因になりやすいでしょう。どんなに仲良しの恋人や女友達でも、一緒に旅行に行くと修復不可能なくらい関係が悪化したなんて話も珍しくありません。結婚前に旅行に出かけるのは、相手の本性を見る格好の機会だといいます。せっかくの旅行を台なしにしないために、旅のプランが決まっている場合は誘う相手を間違わないように選ばないといけません。またすでに一緒に行く人が決まっている場合は、その相性によって旅先やプランを練ると吉。そうすることで引き寄せ力や幸運力がアップし、充実した旅の思い出ができるはずです。

ケミストリーナンバーの調べ方

旅の相性を占いたい相手と、自分のマインドナンバーを1桁になるまで足していく。最終的に残った1〜9までの数字がケミストリーナンバーとなります。

1 *Dream Mate*
ドリームメイト

アグレッシブでポジティブマインドになれる相性。普段は挑戦できないことも、この組み合わせならやれちゃいます。だから普通はしないような旅を計画して！隠しごとや遠慮は禁物。腹を割って何でも言い合える仲を築くことが大事です。

To Go……
力を合わせることで、今までにない力を発揮できるでしょう。ラフティングやボルダリングなど体を動かすことにチャレンジしたり、初めての場所を新規開拓すると◎。

2 *Miracle Mate*
ミラクルメイト

一緒にいると信じられないミラクルが起こるコンビで、笑いが絶えないでしょう。キャラは違っても不思議と波長が合うはず。ただ天然ぶりを発揮してしまう傾向があるので、治安の悪い場所は厳禁。夜も早めに宿に戻り、トラブル回避を心掛けて。

To Go……
ふたりでいると感受性が豊かになるので、旅先でしか見られないパフォーマンスやショーといったライブを楽しんで。人生観が変わるような見聞を広めて運気アップ！

3 *Growing Mate*
グローイングメイト

お互いを尊重、尊敬しあうことで居心地よく過ごすことができるでしょう。ハプニングに弱いので旅の下準備をばっちりしておくことが重要。レストランやアクティビティの予約は、忘れずにしっかり旅行前に行っておきましょう。

To Go……
ふたりでゆっくりアートを楽しんで。有名な絵を目の当たりにしたり、世界遺産に登録されている場所に行くことで世界がぐっと広がるはず。出会いにも恵まれるでしょう。

4 Rich Mate
リッチメイト

この組み合わせは、幸運がどんどんやってくる最高の相性。有名人と遭遇したり、なかなか入れない人気店に入れたり、「ラッキー！」と思うことがたくさん起こりそう。お互いに褒めあうことで運気アップ。朝から褒め言葉を口にしましょう。

To Go……
テンションが上がるようなゴージャスな場所や、ラグジュアリーなホテルが運気をアップ。特別なサービスを受けたり、いつもとは違う別世界でセレブ気分を味わって。

5 Chance Mate
チャンスメイト

アップグレードしてもらえたり、特別におまけしてもらえたりと、何かとお得な幸運を引き寄せる相性。だからこそ、ニコニコ笑顔で楽しそうに過ごして好感度を上げておきましょう。ちゃんと現地のあいさつなど基本の言葉は覚えておいて！

To Go……
高層階や眺めがいい場所、なかなか予約が取れない名店などがラッキースポット。さらにお金持ちの豪邸や宮殿を見に行くとステータスや成功運アップ。

6 Respect Mate
リスペクトメイト

互いに譲りあい、どちらかがわがまま放題にならないことが大事。バランスが取れれば、まるで家族のように気兼ねなく付き合える相性。スケジュールを詰め込まず、おしゃれなカフェでテイクアウトをして公園でほっこりタイムを過ごすといいでしょう。

To Go……
自然に囲まれた場所を訪ねたり、ボランティアに参加したり、ものづくり体験のワークショップに参加するなど特別な経験をすることで成長できるはず。

7 Soul Mate
ソウルメイト

大雨の予報がいい天気になったり、たまたま入った店が行列店だったり、欲しかったものがセールになっていたり、ソウルメイトの相性は、まさに一緒にいるだけでいろいろな奇跡をもたらす相性。損得勘定なしで素をさらけ出せるでしょう。

To Go……
ネットやSNSをチェックして話題の場所や観光スポットを押さえて！ 旅の間は、後悔しないよう買い物や食事、マッサージやエステなど思う存分楽しんで。

8 Powerful Mate
パワフルメイト

記憶に残る旅ができる相性。特別な場所に招き入れてもらえたり、奇跡的な瞬間を目にすることができたり。テンションが上がるようなことばかり起こって、おしゃべりが止まらなくなりそう。寝る間際までずっと興奮して話しているでしょう。

To Go……
いい汗を流してスッキリ開運。ホテルのジムで体を動かしたり、ヨガやダンスのレッスンをするのも◎。また乗馬やトレッキングなど、気になるアクティビティに挑戦して。

9 Mirror Mate
ミラーメイト

公私ともに仲良くできる相性。仕事でもプライベートでも息がぴったり。ただしベッタリしすぎると疲れてしまうから、ひとりの時間と別行動の時間を設けて。一緒に仕事をしていないなら、ビジネスチャンスをふたりで狙ってみるといいかも。

To Go……
一生の思い出になる貴重な経験が吉。ヘリコプター遊覧やセグウェイ観光、空中散歩のジップライン、星空観賞など。涙が出そうな感動的な経験を共有して。

CHAPTER 1 マインドナンバー別 Fortune Trip

message ▶ 旅は学びのチャンス。どんなこともきっと忘れられない思い出になる！

To make a fortune trip

《 COLUMN 1 》

見逃さないで！
旅先で出会いたいチャンスのサイン

　都心のビル群で働いてばかりいると、ダブルレインボーや彩雲を目にすることは難しいもの。でも旅に出たら日常では気がつかないことを見つけたり、奇跡的なシチュエーションに遭遇することが多々あります。

　例えばイルカがジャンプをして船の周りにやってきたら、あなたにチャンスを与えるキーマンの出現。鯨の潮吹きは、成功運や出世運を意味します。美しい蝶も幸運のシンボルとされ、蝶が室内に入ってくるといい知らせが舞い込むといわれています。黄色い蝶は金運上昇のサイン、青い蝶は仕事運アップ、白い蝶は転機のサインです。オーストラリアでは、ユリシスという蝶が肩や体に止まるとビックチャンスが舞い込むというジンクスが。

　グリーンフラッシュという言葉を聞いたことがありますか？　神秘的な現象のひとつで太陽が完全に沈む直前、または昇った直後に一瞬、緑の光のように見えるもの。一生に一度見られるか、見られないかといわれるものです。そのほかにもダウンでもないのに、白い羽が空からふわっと落ちてくる経験をしたことがある人はいますか？　白い羽は天使が見守っているサインなんです。旅先の何気ないひとコマがあなたを開運へ導いているかもしれません。

　また旅をしていると、現地の人から「めったにないことだよ」「この鳥を見られたら幸せが訪れるよ」などと教えてもらうことも。日本にいたら知ることのない地元の言い伝えを知ることができるのも、旅の醍醐味ですよね。旅に出たら一瞬一瞬を大切に、できるだけたくさんのものと触れ合ってみてください。

鳥の鳴き声が聞こえたら幸運が近づく前兆、虹は浄化や希望を表すといわれています

CHAPTER 2

Fortune Trip

BY
THEME

テーマ別フォーチュントリップ

続いては「絶景」「建造物」「色彩」「祭り」「チャクラ」という、
5つのテーマからおすすめの旅先を紹介。自分の気になる
テーマを選んで、これから行くべき旅先を探して。その地で
するといいこともチェックしてみて！

Theme:
絶景 × 開運旅

Amazing

052　　*Have a nice trip!*

Views

CHAPTER 2 テーマ別 *Fortune Trip*

世界には一生に一度は訪れたい絶景や秘境がたくさん。大地の奇跡を感じながら、開運パワーも一緒にもらいましょう！

message 運命は、意外とあなたの近くに隠れている！

053

List 1 ☆ 　果てしない年月を積み重ねた、息をのむほどの大峡谷

グランドキャニオン
🇺🇸 U.S.A.（アメリカ）

見渡す限り赤褐色の大地とたくましく根を張る植物。地球の誕生から少しずつ形成された渓谷からは、生きるパワーをもらえます。世界のパワースポットといわれるほど、強力なパワーに満ちあふれ、その地に立てば悩みも吹き飛ぶぐらい。思わず空に手をあげて深呼吸したくなります。自然と心を一体にしましょう。

✈ 直行便はなく、乗り継ぎ便でラスベガスまで約13時間〜。そこから車では約5時間、飛行機では約1時間半。ツアーも多い。

──── Check! ────
先住民による現地ツアーに参加すると◎。宿泊し、夕焼けや朝焼けを何も考えずに眺めて！

List 2 ☆ 　別世界に降り立ったような不思議な景色でデトックス

ウユニ塩湖
🇧🇴 BOLIVIA（ボリビア）

雨季（12〜3月）だけに見られる天空の水鏡は、条件が揃わないと見られない特別な景色。美しい水鏡を見られたら、強運に感謝しましょう。写真を撮ると、天と地の境界がわからず空の上を歩いているよう。夕暮れ時は特に幻想的です。塩湖には浄化やデトックスのパワーがあるので、訪れることで生まれ変わったような気持ちに！

✈ 直行便はなく、乗り継ぎ便でラ・パスまで約27時間半〜。ラ・パスからウユニまでは空路で約1時間。塩湖へはツアーで。

──── Check! ────
インカ帝国時代からのお守り、「エケコ人形」をおみやげに。塩湖の入口のコルチャニ村では塩で作ったおみやげも。

List 3 ☆ 　人生観が変わるような忘れられない体験を

ガンジス川
🇮🇳 INDIA（インド）

ヒンドゥー教の聖なる川、ガンジス川で沐浴するとすべての罪が消え、生前、善行を積めば生まれ変われると信じられています。夕方には毎日祈りの舞台が用意され、大勢の人が集まり踊ったり歌ったり演奏し祈りをささげます。人々の熱気に触れたら「生きる意味」を考えさせられる濃厚な滞在になるはず。人生に迷っている人にもおすすめ。

✈ 日本からデリーまで直行便で約9時間15分。デリーからバナーラスまでは国内線で約1時間20分。

──── Check! ────
ヨガ発祥の地なので、本場で体験を。またインドは占星術が盛んなので、ぜひ試してみて。

List 4 ☆ 　世にも珍しいキノコのような奇岩を探検！

カッパドキア
🇹🇷 TURKEY（トルコ）

"美しい馬の地" という意味を持つカッパドキア。世界でほかにはない奇岩群が立ち並んでいます。迫害を受けて逃れてきたキリスト教徒が、岩をくりぬいて造った教会や修道院を見学すれば、困難に負けずに一歩踏み出す勇気をもらえるでしょう。外観からは想像もつかない美しい内部の装飾は、信念を貫き通すパワーに満ちています。

✈ 日本からイスタンブールまで直行便で約13時間。イスタンブールからカッパドキアはカイセリ空港経由などで約3時間〜。

──── Check! ────
気球で優雅に空中散歩。嫉妬や妬みを跳ね返す、目玉模様のナザールボンジュウをお守りにゲット。

List 5 ☆　　　ヘリコプターで訪れたいラブリースポット♡

グレートバリアリーフ
🇦🇺 **AUSTRALIA**（オーストラリア）

宇宙から確認できる大きさの、世界最大のサンゴ礁。なかでも「ハートリーフ」はポジティブで生命力にあふれているスポットです。恋愛運はもちろん、夫婦円満、子宝祈願、人生を好転させたいときにおすすめ。カップルで見ると"永遠の愛が続く"といわれているとか。世界のベストビーチとして知られる「ホワイトヘブンビーチ」も一緒に訪れて!

日本からケアンズまで直行便で約7時間半。ケアンズからハミルトン島までは飛行機で約1時間。ハートリーフへは遊覧飛行ツアーで。

—— Check! ——
先住民族アボリジニに伝わる幸運のお守り、カンガルーの睾丸袋で作られたポーチをゲットして!

List 6 ☆　　　澄んだ空気と大自然、温泉まで堪能できる世界遺産

ドロミテ
🇮🇹 **ITALY**（イタリア）

すばらしい山々の景色が見られる世界遺産の「ドロミテ山塊」。エリア全体がヨーロッパの人気バカンス先であり、療養地でもあります。のんびりとした時間が流れているので、時間を気にせず肩の力を抜いて"甘い生活"（イタリア人の好きな言葉）を堪能するといいでしょう。リフレッシュ、そして美容運アップの場所です。

日本からヴェネツィアまで乗り継ぎ便で約15時間半〜。ヴェネツィアからは直行バスが運行している。

—— Check! ——
地元のマーケットをチェック! ワインやチーズ、フルーツなどおいしいものがいっぱい。

List 7 ☆　　　ツチボタルが放つ神秘で幻想的な光に包まれる

ワイトモ洞窟
🇳🇿 **NEW ZEALAND**（ニュージーランド）

長い月日をかけてできた美しい鍾乳洞があるワイトモ洞窟。ここではニュージーランドに生息する珍しい発光性の虫、ツチボタルを見ることができます。満天の星空のような、青く美しい光に目を奪われるでしょう。過去のつらい経験や嫌なことを一瞬で忘れさせてくれるほど壮大な景色は、今までの殻を破りたい人におすすめです。

日本から直行便でオークランドまで約10時間40分。オークランドからは、観光バスツアーを利用するとよい。

—— Check! ——
マオリのお守り「グリーンストーン」は、人からもらうと効果が倍増! 大事な人へのギフトに。

List 8 ☆　　　巨大氷河の大崩落! 圧倒的スケールのネイチャーショー

パタゴニア
🇦🇷🇨🇱 **ARGENTINA, CHILE**（アルゼンチン、チリ）

アルゼンチンとチリの南部を総称したエリア。見どころはたくさんあるけれど、世界遺産に登録されている「ロス・グラシアレス国立公園」にある「ペリト・モレノ氷河」は特に有名。12月から3月には数分に1度のタイミングで崩落が見られるそう。恐怖さえ覚える巨大氷河は、強力にパワーチャージできること間違いなし。

ブエノス・アイレスまで北米で乗り継いで約25時間〜。拠点の街、エル・カラファテへは約3時間20分。そこからはツアーが◎。

—— Check! ——
パタゴニアの名物パリージャ（羊の丸焼き）は必食。本能を呼び覚ましてくれるはず!

CHAPTER 2 テーマ別　*Fortune Trip*

message　夜空に願いを。数億年前から地球を見守る星と会話しよう!

Architecture

Theme:

建造物 × 開運旅

こだわり抜いた天才建築家の作品や、どうやって造ったのだろうという不思議な場所など、次の旅で訪れたい建築物はコレ！

List 1 ☆ 進化を遂げるサグラダ・ファミリア聖堂

サグラダ・ファミリア
🇪🇸 SPAIN （スペイン）

世界で唯一の建築中の世界遺産。130年以上の歳月をかけて、なお完成しない天才建築家ガウディの目指した巨大な教会です。外観全体には聖書の名シーンが細かく刻まれ圧倒されますが、内部は自然を感じさせる森、木々を表現した柱、そして木漏れ日のような光を放つステンドグラスから、生への喜びのエネルギーがあふれ出ています。青空の下はもちろん、ライトアップされた夜もすてきですよ。ガウディが生涯をささげた場所で、自分が本当にしたいことを考え、これからの生きる指針を見つけるといいでしょう。

✈ 日本からバルセロナまでヨーロッパ主要都市で乗り継いで約15時間40分〜。

---- Check! ----
スペイン名物の闘牛や、牛モチーフのおみやげは闘争心をアップさせてくれます！置物や絵はがき、キーホルダーなどを購入して。

List 2 ☆ 近未来型エンターテインメント施設

ガーデンズ・バイ・ザ・ベイ
🇸🇬 SINGAPORE （シンガポール）

マレーシアからの独立後、資源の乏しい小国から現在までの発展を遂げた背景には、有名な風水師が都市づくりに関わっていたというほど風水が信仰されるシンガポール。国全体に風水の強いパワーが流れているので、総合運を高めたいときにぴったりの旅先です。またSNS映え必至の「ガーデンズ・バイ・ザ・ベイ」はぜひ訪れて。ツリータワー「スーパーツリー」は仕事運、金運、発展運アップのモチーフなので写真撮影を。フラワードームにある「クラウドフォレスト」から流れる滝からも、強い気を感じられるでしょう。

✈ 日本からシンガポールまで直行便で約7時間15分。主要エリアはMRTを利用して簡単に移動できる。

---- Check! ----
高層の場所は引き寄せ運をアップ。「スーパーツリー」を結ぶ高さ22mのつり橋「OCBCスカイウェイ」も歩いてみて。スリル満点です！

CHAPTER 2 テーマ別 Fortune Trip

message Find your fire. 心の炎を大切に！ 057

List 3 ☆ 王妃になった気分で宮殿をお散歩

ヴェルサイユ宮殿
🇫🇷 **FRANCE**（フランス）

フランス王朝最盛期の栄華を誇るヴェルサイユ宮殿は、今も当時の住人たちの息遣いを感じることができる場所。特にこの宮殿の住人として有名なマリー・アントワネットは、数百年経った今でも私たちの心をつかんでいます。国のために結婚をし、窮屈な生活を送りながら愛に生き、断頭台に上がったときもその気品に見物人はたじろいだそう。流行の発信源だった彼女の暮らしぶりからは、「人と違うことを恐れるな」というメッセージが感じられるはず。豪華絢爛なヴェルサイユ宮殿で、タイムトリップ気分を味わってみては。

✈ 日本からパリまで直行便で約12時間45分。パリ中心部から最寄りの駅までは、フランス国鉄やRERを利用。

——— Check! ———
多くの部屋のなかでも、最も有名で豪華な「鏡の間」。マリー・アントワネットの婚礼舞踏会も行われた場所！

List 4 ☆ 世にも美しいチベット仏教の聖地へ

タクツァン僧院
🇧🇹 **BHUTAN**（ブータン）

断崖絶壁にある世界でも珍しい寺院は、チベット仏教の聖地。一部撮影禁止のため、登った人にしか見られない絶景が待っています。「世界一幸せな国」として紹介されることの多い、ブータン。お金だけではない、今生きている幸せに感謝するというシンプルなマインドが根付いています。旅行をする際は、必ずブータン人ガイドが必要で治安もいいため、自分の内面と向き合いたいときには思い切ってひとりで旅するのもおすすめ。スマホを手放して、精神面を鍛錬することで、ブータンの人々のような幸福マインドを学べるかも！

✈ 日本からパロまでバンコク、コルカタなどで乗り継ぎで約16時間40分〜。そこから日帰りツアーを手配する。

——— Check! ———
国立大学で学問として教えているブータンの占星術。お坊さんが占う複雑で珍しいブータン占星術をぜひお試しあれ！

058　　Have a nice trip!

List 5 ☆　　　謎に包まれた約1000体のモアイ像

イースター島のモアイ像
🇨🇱 CHILE（チリ）

存在自体がミステリアスなモアイ像。近年の研究では、水源を表している説もあるのだとか。像に目を入れることで霊力が宿ると信じられ、守護神の意味もあったようです。しかし目の装飾に使われたサンゴ質の石灰岩が、島周辺では採取できないという謎も。海のほうを向いた一部の像は暦に関係し、モ＝未来、アイ＝生きるという意味が込められているそう。島全体がいまだに解明されていない魔力に包まれたイースター島には、信仰のパワーがあふれています。精神を統一し、引き寄せ力を高めるために訪れてみて。

✈ 日本からロスアンゼルスなどで乗り継いでサンティアゴまで約23時間40分〜。そこからイースター島までは約5時間15分。

────── Check! ──────
"地球のヘソ"と呼ばれる「テ・ピト・クラ」という丸い石もイースター島の有名なパワースポット。モアイ像と一緒に訪れて！

List 6 ☆　　　知的好奇心を刺激する歴史ある図書館

トリニティ・カレッジ図書館
🇮🇪 IRELAND（アイルランド）

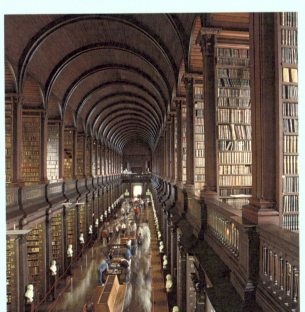

エリザベス1世が1592年に創立した、アイルランド最古の国立大学にある図書館。6つある図書館のうちオールド・ライブラリーには、必見の「ロングルーム」と世界で最も美しい本とされる「ケルズの書」があります。重厚で歴史を感じるたたずまいから、映画『スター・ウォーズ』に登場するジェダイ・アーカイヴのモデルになっているとも。風水で本は"知識の象徴"。さらに欧州大学ランク上位の超名門校とあって、世界中の優秀な学生が集まっています。その恩恵にあやかり、知性と品格アップに訪れてみましょう。

✈ 日本からダブリンまでロンドンなどで乗り継いで約16時間〜。

────── Check! ──────
夏季休暇中は学生寮を一般向けに宿泊施設として開放。誰でも予約することができるので、アカデミックに過ごして。

CHAPTER 2 テーマ別 Fortune Trip

message ▶ Work hard！Dream big！夢を書き出そう！

Theme: 色彩 × 開運旅

Colors

黄色、白、青の美しい色彩に染まった場所で、目からハッピーを取り込んで！

List 1 ☆ 見ているだけで幸せになるひまわり畑

カルモナ
🇪🇸 **SPAIN**（スペイン）

アンダルシア地方のカルモナでは、5月末～6月中旬にかけてひまわりが満開に。まるで黄色い絨毯のように一面に広がるひまわり畑の風景は、感動すること間違いなしです。まぶしい太陽とどこまでも続く青空に夏を感じ、カラフルな洋服を着たくなります。太陽に向かってまっすぐ伸びていくひまわりは、あなたのピュアな気持ちや前向きな気持ちを引き上げてくれるはず。さらに陽気なスペイン人とのおしゃべりを楽しむことで心もオープンに。約1ヵ月間の期間限定という特別感がある、アンダルシアの風物詩です。

✈ 日本からマドリードまで直行便で約14時間。セビーリャへは鉄道で約2時間半。そこからはバスで約50分。

——— Check! ———
アンダルシア産のオリーブオイルは、世界的にも有名。オリーブの花言葉は、知恵と平和。幸福を運んできてくれるでしょう。

CHAPTER 2 テーマ別 *Fortune Trip*

Yellow

List 2 ☆ 乙女心をくすぐるキュートな街をお散歩！

ローテンブルク
🇩🇪 **GERMANY**（ドイツ）

中世の雰囲気が残るローテンブルクは、絵本の世界に紛れ込んだようなかわいい街。どこで写真を撮っても絵はがきのようにすてきで、散歩するだけで気分がアップするでしょう。焼きれんがの屋根にカラフルな壁の木組みの家は、豊かな生き方やお金にとらわれない人生観を教えてくれます。地元の伝統料理を味わって、スローライフを体験して！

✈ 日本からフランクフルトまで直行便で約12時間。フランクフルト市内からロマンティック街道バスで約4時間。

——— Check! ———
ドイツ生まれのお守り、「ウォーリーイーター」の口の中に悩みや不安を書いた紙を入れておけば解決してくれる！

List 3 ☆ 砂漠にニョキニョキ現れた不思議な奇岩群

ピナクルズ
🇦🇺 **AUSTRALIA**（オーストラリア）

黄砂が広がる大地の上に数千本規模でそびえ立つ奇岩群は、別名 "荒野の墓標"。風化によって形づくられた岩は一つひとつが個性的で、自然が作り出したアート作品のよう。イエローの世界は、強い生命力とポジティブなエネルギーを与えてくれます。そしてまったく同じ奇岩がないように、自分らしく生きることの意味を教えてくれます。

✈ 日本から直行便でパースまで約10時間10分。パースからは、車で約2時間～。ツアーの利用が便利。

——— Check! ———
生産量の9割以上がオーストラリア産のオパール。虹が地面に落ちてできた聖なる石だと言い伝えが！

---

message 地球の歴史からしたら、ほんの一瞬の人生。楽しんで味わいたい。

List 4 ☆ 世界遺産の街に映える独特の白い家

アルベロベッロ
🇮🇹 **ITALY**（イタリア）

とんがり屋根に白い壁の「トゥルッリ」と呼ばれる伝統的な家々は、16世紀から約100年間にわたって開拓農民用住居として造られたもの。家々が密集し迷路のように入り組んだ路地は、白の世界に迷い込んでしまったみたい。アルベロベッロとは「美しい樹」という意味。とんがり屋根に付けられたシンボルマークは、同じように並んだ家を間違えないようにと魔よけのため。ハートや月、太陽、十字架、神話的・宗教的シンボルデザインなどさまざま。見慣れない光景は、新鮮な運気をもたらしてくれますよ！

✈ 日本からバーリまでヨーロッパの都市で乗り継ぎで約16時間〜。バーリからは私鉄で約1時間半〜。

— Check! —
賞味期限が短いフレッシュチーズのブッラータは、ここでしか味わえない名物。チーズは、金運をアップしてくれる最強の食材。

List 5 ☆ 灼熱の大地の干上がった白い塩湖

デスバレー国立公園
🇺🇸 **U.S.A.**（アメリカ）

全米最大の国立公園デスバレー。その名も「死の谷」。アメリカで一番気温が高く、一番乾燥した地域であり、一番標高が低い場所。気象条件の厳しさに命を落としたことが由来となってそう呼ばれるように。『スター・ウォーズ』のロケ地としても有名です。見渡す限りの白い大自然は、どんな困難をも乗り越える最強のパワーをくれるはず！

✈ 直行便はなく、乗り継ぎ便でラスベガスまで約13時間〜。そこから車で約3時間。日帰りのバスツアーも。

— Check! —
ネイティブアメリカンのお守りは、直感で選んで！シルバーアクセサリーから木の置物までさまざま。

List 6 ☆ 真っ白くて美しい、不思議な石灰棚

パムッカレ
🇹🇷 **TURKEY**（トルコ）

パムッカレとは「綿の城」という意味のトルコ語。昔からこのあたりで綿花が多く生産されていたことからそう呼ばれるようになったとか。石灰成分が沈積した石灰棚は、大自然が生み出した神秘の絶景。白い風景には、デトックスと浄化のパワーがあります。景色を見たあとは、パムッカレ・テルマル（天然の温泉施設）で毒出しを！

✈ イスタンブールまで直行便で約13時間。起点のデニズリまで飛行機で約1時間。そこからはバスで。

— Check! —
パムッカレ・テルマルの温泉は、ローマ時代の遺跡のなか！世界的に珍しい温泉を堪能して。

062　*Have a nice trip!*

List 7 ☆　　大好きな人と訪れたいハネムーナーの聖地

タヒチ・ボラボラ島
🇵🇫 FRENCH POLYNESIA（フランス領ポリネシア）

古代ポリネシアの最高神タアロアがつくった、地上でもっとも美しく最初に誕生したといわれる島。ボラボラとはタヒチ語で「初めに生まれた」という意味があるそうです。クリアウオーターのラグーンに囲まれたビーチは、「太平洋の真珠」と呼ばれるほどの美しさ。人生をリセットしたいときや、新しい人生をスタートさせるときにぴったりの場所です。青く透き通った水と豊かな自然に囲まれたこの地は、まさにパラダイス。時間を忘れのんびり過ごして、日頃の疲れやモヤモヤを手放しましょう！

✈ 日本からパペーテまで直行便で約10時間45分。ボラボラ島へは国内線で約50分。

──── Check! ────
ボラボラ島のすぐ近くにあるハート形の環礁、ツパイ島。遊覧飛行で恋人と一緒に見て、恋愛運を強力アップしましょう！

CHAPTER 2 テーマ別 Fortune Trip

Blue

List 8 ☆　　まるで絵はがき！ エーゲ海の憧れサントリーニ島

サントリーニ島
🇬🇷 GREECE（ギリシア）

どこまでも続く真っ青の海と空、断崖絶壁に建ち並ぶ白壁の家々が絶景と人気のサントリーニ島。イアの街に点在する青いドームの教会は、白い壁とのコントラストが特にきれいです。青いカラーはネットワークの拡大、白いカラーはスタートを意味します。きっと訪れたら新しいことにチャレンジしたくなるでしょう。

✈ 日本からアテネまで乗り継ぎ便で約17時間〜。アテネから国内線で約50分。

──── Check! ────
青い目玉のお守り「マティ」をゲット！ お隣トルコでは「ナザールボンジュウ」と呼ばれます。

List 9 ☆　　カナディアン・ロッキーを爽快にトレッキング

モレイン湖
🇨🇦 CANADA（カナダ）

青すぎる！と話題のモレイン湖。ターコイズブルーの水、木々のグリーン、雪が残った山脈と雲の白。ダイナミックでナチュラルな色合いが、見る者の心を奪います。ターコイズブルーは癒しを与え、クールダウンさせてくれるカラー。何事も考え込みやすい人や、仕事でオーバーヒート気味の脳をリセットしてくれます。

✈ 日本からカルガリーまで乗り継ぎ便で約12時間半〜。カルガリーからは、車やバスで約2時間半〜。

──── Check! ────
湖畔のカヌーハウスで、カナディアン・ロッキーらしい木の雑貨を探してみて！

message Be the person, you want to be.　　063

List 1 ☆ 　一生に一度は見たい熱気あふれるカーニバル

リオのカーニバル
🇧🇷 BRAZIL（ブラジル）

毎年100万人以上の観光客が訪れる世界最大のサンバフェスティバル。カーニバル文化を古代までさかのぼると、身分に関係なく休日を楽しむことだったそう。現状への不平不満を忘れ、とにかく今を楽しもう！という精神が、このお祭りにも残っています。1年に1度のカーニバルに合わせ、参加者はゴージャスな衣装を用意。4日間の期間中は熱狂的な盛り上がりを見せます。サンバのリズムに合わせて弾ける笑顔と、ハッピーマインドで満ちた空気に包まれましょう。強力なエネルギーを間近で感じて！

✈ 日本から北米などで乗り継いでサン・パウロまで約26時間45分〜。リオ・デ・ジャネイロまでは国内線で約1時間。バスでも行ける。

――― Check! ―――
セレブなどが身に付けて有名になったお守り「ボンフィン」。カラフルリボンがかわいく、切れると願いが叶うといわれています！

CHAPTER 2 テーマ別 Fortune Trip

List 2 ☆ 　あたたかく優しい光を放つ旧市街のランタン

ホイアンのランタン祭り
🇻🇳 VIETNAM（ベトナム）

毎月旧暦14日に行われる夜祭り。人工的な明かりは消され、カラフルなランタンの明かりだけがともる世界は幻想的。トゥボン川では永遠の愛や家族への感謝、健康を祈って灯籠流しを行います。人々が先祖を敬い満月を祝う様子は、お盆を想起させるかもしれません。レトロな街並みと相まってとてもノスタルジックです。

✈ 日本からダナンまで直行便で約6時間半。ダナンからホイアンまでは車で約45分。

――― Check! ―――
ベトナム人のラッキーナンバーは9！ベトナムビールの333は飲むと幸運になるという言い伝えが！

List 3 ☆ 　猫好きじゃなくても訪れたい 3 年に 1 度の奇祭

イーペルの猫祭り
🇧🇪 BELGIUM（ベルギー）

昔、塔の上から猫を放り投げるという習慣があり、犠牲になった猫を弔うために始まったとされるお祭り（諸説あり）。人気のパレードに必ず登場する黒猫の王様と白猫の女王は、魔女を追い出し、猫を守り、村人と仲直りする重要な存在。大きな猫の山車や、仮装した人たちが練り歩く様は圧巻です。

✈ 日本からブリュッセルまで直行便で約12時間半。イーペルへはゲントで乗り換えて電車で約2時間。

――― Check! ―――
クライマックスは鐘楼から黒猫のぬいぐるみを投げ落とす儀式。キャッチできた人には幸福が！

---

message　恥ずかしがってはダメ。歌って！踊って！大胆になって！

065

Theme:
チャクラ × 開運旅

Chakra

サンスクリット語で「回転」という意味の"チャクラ"。大きなエネルギーが集まる場所を指し、強力なパワーをもつ"地球の13チャクラ"*をご紹介！

List 1 ☆ 訪れるだけで心がスーッとする神聖な場所

バトゥール山
INDONESIA（インドネシア）

"神の宿る島"バリには、実に多くのパワースポットが。なかでもバリ・ヒンドゥー教で「天国に一番近い神聖な場所」と信仰されているバトゥール山は、別格です。標高1717mの火山はトレッキングもできる山。日頃デスクワークでパソコンばかり触っている、時間に追われて余裕がない生活をしている人に、ぴったりなアースヒーリングスポットです。水着で入るバトゥール湖畔の天然温泉でホッとひと息つくのもいいし、心身の浄化といわれる沐浴場（ムルカット）もあるので、マイナスな部分を洗い流して。

✈ 日本からバリ島まで直行便で約7時間45分。バトゥール山があるキンタマーニへはツアーやチャーター車で約3時間〜。

――― Check! ―――
地球の第1チャクラといわれる。基本となる最も大事なパワーをもっています。エネルギーや生命力を上げたい人におすすめ。

CHAPTER 2 テーマ別 Fortune Trip

List 2 ☆ 天空から海・街・空の絶景を見下ろす！

※アモラ・クァン・インさんの説を参照

テーブルマウンテン
SOUTH AFRICA（南アフリカ共和国）

南アフリカを代表するランドマークとして愛されている、テーブルマウンテン。アフリカ最古のコイサン民族が"神が宿る山"として祈りをささげ守ってきた場所です。雲がかかるほどの山頂に立つと、空の中に入り込んだ気分に。その名の通り、山頂はほぼ平坦でテーブルのようなカタチをしています。標高1086mの山なので、体力に自信がある人はぜひ自分の力で登ってみて。自分で登るのは……という人には、360度回りながら登るケーブルカーもあります。ストレスフルで常に疲れている人におすすめです！

✈ 日本から中東などで乗り継いでケープタウンまで約24時間半〜。テーブルマウンテンまでは、ウォーターフロントや市内中心部からバスで。

――― Check! ―――
地球の第2チャクラといわれる。心身のバランスを取りデトックスができる場所。豊かな人生へ導いてくれるパワースポットです。

message　雨奇晴好。どんなときも見方を変えれば楽しめるはず。　067

List 3 ☆ 　　平原に浮かぶ真っ赤な大地を感じたい

ウルル
🇦🇺 **AUSTRALIA**（オーストラリア）

"地球のヘソ"といわれる世界最大級の一枚岩、ウルル。日頃から慢性的な疲労がたまっている人や、ネガティブな感情が強い人に特におすすめのスポットです。アボリジニの聖地であり先住民に土地が返還された現在は、登山が不可能に。国立公園からウルルを眺め、裸足で大地をしっかり踏みしめてパワーをもらいましょう。ここには生命力、情熱、本能を高めてくれる強い生命エネルギーがあります。「ムティジュルの泉」のそばには、ウルルの心臓といわれるハートマークのくぼみが見られますよ。

✈ 日本からエアーズロック空港まで、ケアンズなどで乗り継いで約12時間20分〜。そこから車で約20分〜。

Check!
地球の第3チャクラといわれる。不安やネガティブな気持ちを手放し生まれ変われる、新しいエネルギーに満ちた場所。

List 4 ☆ 　　生き続けるビッグアイランドの世界遺産

ハワイ島・キラウエア山
🇺🇸 **HAWAII**（ハワイ）

真っ赤な溶岩が海に流れ落ち、活発に噴火を続けるキラウエア火山。訪れると圧倒的な大地のエネルギーを感じる場所です。火口に住むという火の女神ペレの伝説は、現代ハワイにも根付いています。ペレはどんな男性もとりこにする美女でありながら、熱しやすく、すぐ怒りに身をまかせていたとか。感情にとことん正直な彼女は人間味があり、畏怖の対象でありながら人々から愛されていました。ここには生きるパワーをもらいに行きましょう。くれぐれもハワイのパワスポ巡りは、石や花、何ひとつ持って帰ってこないように！

✈ 日本からコナまで直行便で約7時間10分。そこから車で約50分〜。

Check!
地球の第4チャクラといわれる。心と直結する大事な場所。ここでは愛することに真剣に向き合ってみて。

List 5 ☆ 神殿の跡で古代の栄華に思いをはせる

デルフォイ
GREECE（ギリシア）

古代ギリシアの聖域。神殿はアポロン神を祀り、そのご神託をつげる巫女がいました。その巫女は必ずデルフォイ出身。巫女の神託は絶対で、戦争や国の命運を決めるほどだったそう。地球の超パワースポットのひとつなので、強力なメッセージやひらめきが降りてくるかもしれません。人との関わりを見つめ直したいときに！

✈ 日本からアテネまで乗り継ぎ便で約17時間～。アテネからはバスで約3時間～。

── Check! ──
地球の第5チャクラ。別名、浄化のチャクラ。思いを口にする勇気や、パワーを与えてくれる場所。

List 6 ☆ 一度は登山に挑戦したい日本の宝

富士山
JAPAN（日本）

日本一の高さを誇る霊峰、富士山。訪れる回数が多いほど、健康や子孫繁栄に御利益があるといわれています。フジという名は"不死"に通じ、不老不死の草が生えているという伝説も。"不二"は唯一無二の山という意味が。ここには龍穴というエネルギーのたまる富士山本宮浅間大社などパワースポットがたくさんあります。

✈ 東京都心部から河口湖駅まで電車で約2時間半。

── Check! ──
地球の第6チャクラ。「第三の目」といわれ直観力を高めたり、進むべき道を教えてくれます。

List 7 ☆ スピリチュアルで美しい丘から景色を楽しむ

グラストンベリーのトール
UNITED KINGDOM（イギリス）

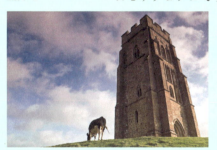

イギリス有数の聖地は、妖精の住む魔法の国ともいわれています。イエス・キリストが訪れたり、英雄アーサー王が眠っていたり、異世界への入り口があるなど、たくさんの伝説が残る地。絶大なヒーリング効果と心の浄化パワーが漂っていますよ。大天使ミカエルへ心の相談をすると答えが浮かびそうです。

✈ 日本からロンドンまで直行便で約12時間半。そこから鉄道とバスで約3時間～。

── Check! ──
地球の第7チャクラ。クラウンチャクラと呼ばれ、スピリチュアルなメッセージを受け取れるかも。

List 8 ☆ 密林にある古代都市遺跡へ

パレンケ
MEXICO（メキシコ）

7世紀に最盛期を迎えたマヤ文明の古代都市遺跡。「碑文の神殿」「十字の神殿」「葉十字の神殿」「太陽の神殿」など見どころが満載で、「パカル王の石棺」のレリーフには、宇宙飛行士のような絵が描かれており、マヤ文明は宇宙人によって作られたという説も。信じるか信じないかは、あなた次第。自分の目で確かめるのも◎。

✈ 日本からメキシコ・シティまで直行便で約12時間半。そこから夜行バスや飛行機で。

── Check! ──
地球の第8チャクラ。自分の能力を最大限に発揮したい、チャンスを引き寄せたい人におすすめ。

CHAPTER 2 テーマ別 Fortune Trip

message 怖がっていたらなにも始まらない！勇気を。

List 9 ☆ 　摩訶不思議なピラミッドでヒーリング

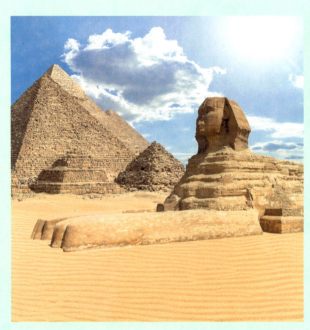

ギザのピラミッド
🇪🇬 **EGYPT**（エジプト）

なぜ造られたのか、どうしてあんな形なのか、議論が続くピラミッドには不思議な力が宿っています。使用している磁性体の石材がピラミッド内に磁場を生じ、集中力とヒーリング効果を高めてくれるそう。敏感な人は不思議な力を感じられるかも。三角は成功と繁栄、創造のパワーを秘めた形。そして宇宙のパワーを集めることができると考えられています。おみやげには世界最古のお守り「アンク十字架」を。十字架の原型といわれ、不死と生命力のシンボルで魔よけになります。古代を思いながら、仕事運や金運を高めましょう！

✈ 日本からカイロまで直行便で約14時間25分。カイロからギザまではバスが便利。

―― Check! ――
地球の第9チャクラ。ゲートウエイチャクラとも呼ばれ、過去のトラウマや恐怖、不安を払いのけてくれる場所。

List 10 ☆ 　北米最高峰の山と野生生物ウオッチング

デナリ山
🇺🇸 **U.S.A.**（アメリカ）

デナリとは、先住民の言葉で"偉大な山"。北米大陸最高峰で高緯度にあるため、雪と氷に覆われ登頂を困難なものにしています。当時の大統領にちなんでマッキンリー山と命名されてましたが、先住民による長年の活動が実り2015年にようやくデナリ山と改名されました。先住民に守られてきた山に心を解放したら、未来への道を示してくれるでしょう。自然の雄大さにパワーをもらって。さらにデナリ公園では、秋頃にオーロラのシーズンが到来。オーロラはローマ神話の暁の女神の名前。神秘の光景を見よう！

✈ 日本からの乗り継ぎ便でアンカレッジ約15時間〜かフェアバンクスへ。そこから列車かバスを利用する。

―― Check! ――
地球の第10チャクラ。神の創造性を意味する場所。運命的な出来事が起こり、どんどんミラクル連鎖がスタートします。

070　*Have a nice trip!*

List 11 ☆ 清らかな水が流れる聖なる山

シャスタ山
🇺🇸 **U.S.A.**（アメリカ）

先住民が聖なる山とあがめてきた山にはハイレベルなパワーが満ちあふれています。日本でもおなじみのミネラルウオーターの採水地で、豊富な水源、森林、動物と手付かずの自然が残る場所。未確認飛行物体の目撃情報も多く、噴火によってできた洞窟や周辺にはハート形の湖などスピリチュアルなスポットがたくさん！ またここは世界7聖山（エベレスト、キリマンジャロ、富士山、マチュピチュ、シナイ、セドナ、シャスタ）に数えられています。強力な山のパワーのおかげで潜在意識と能力が高まるでしょう。

✈ 日本からサンフランシスコまで直行便で約9時間半。そこからは車で約5時間〜。国内線もある。

——— Check! ———
地球の第11チャクラ。傷ついた心を癒やし、もっと深い愛を教えてくれる場所です。

List 12 ☆ 謎多き空中都市で高度な文明に迫る

マチュピチュ
🇵🇪 **PERU**（ペルー）

アンデス山脈にある古代インカ帝国の遺跡マチュピチュ。優れた土木能力や、地震、災害、天文に関する知識を使って建設され、いまだ解明されていない謎が多く残っています。どんなに揺れても石が元の位置に戻る構造になっているのだとか。何があってもビクともしない底力を与えてくれるパワースポットです。

✈ 日本からクスコまで乗り継ぎ便で約26時間半〜。そこから列車とバスでマチュピチュ村へ。

——— Check! ———
地球の第12チャクラ。見えない力、人間の予想を超えたスーパーパワーを与えてもらえる場所です。

List 13 ☆ 巨大な湖に暮らす人々の生活を垣間見る

チチカカ湖
🇧🇴🇵🇪 **BOLIVIA, PERU**（ボリビア、ペルー）

10万年以上前からある古代湖。チチカカはピューマの石という意味で、湖の形がそう見えたという説とピューマが信仰の対象だったという説が。アシで作られた浮島に暮らす人々や、「月の島」や「太陽の島」からは始まりの力を強く感じられるでしょう。真っ白な雲と湖の青に地球のエネルギーを受け取るはず。マインドリセットに！

✈ 日本からクスコまで乗り継ぎ便で約26時間半〜。そこから列車やバスで向かう。

——— Check! ———
地球の第13チャクラ。自分がもつ能力を最大限にし、生まれてきた宿命を教えてくれる場所です。

---

message 手紙を書こう。「あなたのことを考えているよ」って伝わるように。

To make a fortune trip

《 COLUMN 2 》

心も体も解放！
リラクセーション×開運旅先

　20代で働きづめだった頃、仕事のプレッシャーから常に神経がピリピリ＆イライラしていました。ついに体が悲鳴をあげ、体調を取り戻すためハワイに1ヵ月間滞在することに。毎日、目が覚めたら海に行く日々を過ごしたのですが、凝り固まった心身が徐々にほどけていくのを感じました。人生は長期戦。たまにはのんびり癒やしの旅をして立ち止まること、休むことが必要です。

　イタリア人に人気の温泉保養地ドロミテは、病気やうつ病、ストレスや加齢による衰えなど体の不調を改善することができる場所。私が全身泥パックを受けている時、何と4ヵ月も滞在しているというおばあちゃんと出会いました。そのおばあちゃんは、堅苦しい病院の代わりにドロミテでゆっくり過ごして体調を回復させているのだそう。

　世界各国にはさまざまな健康療法やリラックス方法があります。それらを使って旅で体調を整えることは、運気アップにもつながるんです。さすがに数ヵ月は無理でも、気軽に行けるアジアならソウルへ美容施術を受けに、台湾へ足つぼと医食同源の旅に、リゾートでボディマッサージを受けに、などいいでしょう。スリランカのアーユルヴェーダも欠かせませんね。ヨーロッパにはミツバチの針を使った民間療法のアピセラピーやハーブケアを提案する薬局のエルボリステリアなどがあります。

　これからは気になるリラクセーションから旅先を計画するなんてのもいいかも。そして無理をしないスケジュールを組むことが大切です。

世界三大医学とされるアーユルヴェーダや、古い歴史をもつアピセラピー

CHAPTER 3

Check List

BY
LUCK

運気別チェックリスト

3章は「恋愛運」「金運」「仕事運」「健康運」の4つの運気
別に、旅の準備から出発、そして旅先ですべきことを時系
列で解説。それぞれの運気を上げてくれる、リラックス方法
も参考にしてみてください！

〜恋愛運UPの秘訣〜

LOVE

恋愛から遠のいている人ほど非日常の旅で恋愛スイッチオン！

　年齢を重ねると無駄にキュンキュンときめくものではありません。私の鑑定でも「なかなか人を好きになれない」「恋愛の始め方を忘れた」「ドキドキしない」と口にする人が多いんです。脳科学者の方曰く、年を取るごとに生きることの責任が増していき、親のことやお金のこと、仕事のことで頭がいっぱいいっぱいになってしまうと、ちょっとやそっとのことでは脳が恋モードにならないとのこと。

　その話を聞いて納得。私自身20代前半に起業をしてから必死に日々を過ごし、さらに27歳で大失恋をして、恋愛から遠のいていました。恋を諦めていたといっても過言じゃないぐらい。結婚していく友達をよそに、私は一生仕事をしていくんだって自分を追い込んでいたかも。そんな生活ではアバンチュール的な出会いも期待できずに、どんどん恋のチャンスはなくなっていきました。

　だからこそ、私は旅の時だけ、"働き女子""男前女子"をやめて"かわいい女子"になれるように心掛けました！ 環境が、運勢を、人を、変えるんです。

　恋愛運をアップしていきたいなら、胸元が開いたワンピースを着て、ハイヒールを履いて、女優帽をかぶってその気になって、赤いリップでいい女度を上げるように努力をしてみる。レースの下着に身を包んだり、甘い香水を身にまとって普段とは違う自分を演出してみる。日本では恥ずかしくてできないけれど、海外だから挑戦できることもあります。「素敵！」「似合っている！」「いいわね！ どこで売っているの？」と聞かれたり、ウインクをされて男性から目で追われることも重要。それぐらいの意識を持って旅先で過ごしてみると、壊れかけていた恋愛スイッチが稼働しはじめるはずですよ！

Have a nice trip!

CHAPTER 3 運気別 Check List

出発前にしたいこと

Action
手元と足元を美しく整えておく！

セルフもしくは、ネイルサロンで美しく仕上げて。美しさと運は細部にほど宿っています。地球や大地からパワーをもらうには、まず足が吸収口。さらに"チャンスをつかむ！"ための、きれいにケアされた手元は重要です。赤は自分を変える色、青は冷静さを保つ色、ピンクは優しくなれる色、オレンジは元気になれる色、黄色は新しい世界に飛び込む色。カラーにもこだわってみて！

Preparation
シワにならないワンピースを用意

恋愛運を上げるために、普段は着ないようなワンピースをスーツケースに忍ばせておいて。「似合わない」「恥ずかしい」なんて心配は無用！ 体型や年齢に関係なく、かわいくてセクシーなワンピースを着てみましょう。シワにならない素材を選ぶこともポイント。そして雰囲気やムードを簡単に変えることができる、口紅と香水を3パターン用意しておけばバッチリ！

空港＆機内でしたいこと

At the airport
すっぴんに見える最低限のメイク

搭乗前にメイクオフする人も少なくないですが、出会いはどこにあるかわかりません。眉毛ティントやマツエクで、すっぴんでもかわいさが残るようにしておいて。何より恋愛運には唇が大事。保湿効果とカバー力のあるリップはマストです。さらに美肌効果のある就寝用パウダーや保湿クリームもおすすめ。実際に空港で恋に落ちた！結婚した！という方までいらっしゃいますよ。

In an airplane
刺激の少ないほのかな香りをまとう

強い香りを付けるのはマナー違反なので、狭い機内ではほのかに香りをまとう程度に。コットンに好きな香りを付けてブラジャーやキャミソールに挟んだり、ミストスプレーを用意しておくと◎。胸元に付けた香りは、体温の上昇で最初に自分に香るのでスマート。モテの王道といえば、クレオパトラの時代からバラの香り。フェロモンのように、素敵な人の記憶に残りたいですね。

---

message　この瞬間は二度とない。不機嫌に過ごすより、笑顔で過ごそう。

075

旅行中にしたいこと

Hotel
スパのある、かわいいホテルが吉

館内アートやインテリアなど、思わず「かわいい！」と気持ちがアガるホテルが素敵な運命を手招いてくれるはず。加えてスパが付いているホテルは、女子力アップに欠かせません。恋愛運を下げるむくみやコリを解消し、思わず触りたくなるツヤ肌モテボディを目指しましょう！マッサージオイルは、ローズ、イランイラン、ジャスミンをチョイス。恋の扉を開いてくれる香りです。

Food
旬のフルーツをたくさん食べる！

風水で一番大事なことは「旬のものをいただくこと」。なかでもフルーツは、"実らせる"ことから恋愛成就の食べ物。日本でめったに食べられないフルーツはマストで味わって！フレッシュジュースはビューティ運をアップしてくれます。例えばスイカジュースはデトックス、柑橘系はビタミン補充、ざくろは女性ホルモンアップ、パパイヤは美肌効果など目的別に飲み分けてみて。

Sightseeing
花畑や動物との触れ合いが◎

日頃、仕事が忙しい人ほど、余裕や愛情が不足しがちなもの。そんな人は、ぜひ美しい花と写真撮影を。花は女性の魅力を表し、永遠に華やかに輝き続ける象徴。香りを嗅いで写真撮影をすることで、女性性がグンとアップします。さらにかわいい動物に会いに行くのもおすすめ。無邪気な姿に癒やされることで、かたくなっている心が緩やかになります。男性性を表す仕事はほどほどに！

Souvenir
有名スイーツ、特にチョコレート

"恋の媚薬"と呼ばれているチョコレート。海外では、甘い時間を彼女と過ごすためにチョコレートを男性がプレゼントすることが多いようで、ショコラトリーのショーケース前で品定めしている男性の姿をよく見かけます。おみやげのチョコレートやスイーツをいただきながら、彼と一緒に食べる妄想をして、凝り固まったときめきを再起動させてあげることも大切です。

Have a nice trip!

旅行中にしたいこと

Beauty
日本未上陸ブランドのコスメを使って

意識をしないとお気に入りの同じ化粧品ばかり使ってしまうし、ついつい同じメイクを何年も続けてしまいます。でも、恋は旬！常にアップデートすることが大事なんです。特にまだ使ったことのないコスメを試してみてください。そしてアロマやエステ系のマッサージも必須。ハンドでていねいにマッサージしてもらうことで、愛情が満たされ、優しい表情になってくるはず。

Photo
ハートに見える場所があったらパチリ♪

雲や糸くず、葉っぱや影など狙っていないのに、たまたまハートの形に見えるものは天使からのサイン。私も彼に出会う前は、ハートの写真を集めていました！ 新婚当時も1年ぐらいは、ハートがたくさん現れていたのですが、最近はまったく現れないので探さなくっちゃ。教会や花嫁さんを見かけたら、ひと言お伝えして写真撮影を。花嫁さんは、結婚運アップを表します。

Action
100枚以上のセルフィーを撮る！

きれいに映る話題のアプリを使って、自撮りをたくさんしてみて。自信がない人でもだんだん自分を受け入れていき、もっとかわいく見られたいという意識が芽生えてくるはず。いつもとは違うメイク＆衣装で、違う自分になれる写真館での撮影も◎。女優ばりの姿にうっとりして、「私でも変われる！」と思うことが大切です！ 非日常的な体験は、新しい自分へ脱皮させてくれます。

リフレッシュするには

戦士のポーズ1

ヨガは、むくみ・肌荒れ・腰痛・冷え性・ダイエット・ストレスに効果的。ぜひ、恋愛運アップに毎日の習慣として取り入れてほしいものです。代表的な「戦士のポーズ1」は、ウエストダウンの効果あり。バストアップと背中の引き締めに効く「コブラのポーズ」も○。

バランスを取って！

message　大きな声で笑って体の中から厄払い！

～金運UPの秘訣～

MONEY

豊かになるには気持ちよく使って！お金は循環させることが大事。

　金運を上げるには、成功者の習慣を参考にするのがいちばんです。学ぶことは、まねること。成功者の人たちは、たとえ高価でも欲しい物は絶対に手に入れようと努力をします。チャンスを手にするために、何をすべきなのか、自分に足りないものは何なのかを常に明確にして、受け身にならずに自分で動いている人ばかり。普通の人は、努力をせずにうらやましがって「誰か買ってくれないかな」「宝くじが当たったらいいな〜」と御託を並べているだけ。いつまでも人頼みや受け身のままでは、何も変わりません。

　昔、テレビで「あなたにとって高額はいくらですか？」とアンケートを取っていました。みんな何て答えたと思いますか？　高所得者は「1万円」と答え、低所得の人ほど「300万円」とか「500万円」と高い金額を口にするのです。お金に対する意識が垣間見えるのではないでしょうか。高所得者は、いつも自分で考え動いているからこそお金を稼ぐ大変さや価値を知っています。逆に大金を見たことがない人は、その価値がわからないから大きな数字を言うのです。だからこそ、金運を上げるには、お金の価値を知り、お金を自分で使い学ぶことが大切です。

　旅行を通じて、その国の通貨価値や物価を知ることは、お金の世界を広げるのにとてもいいことです。例えば、「この国は50円でラーメンが食べられるんだ！」「タクシーが100円なんて安い！」「チップが20％もするの！？」など──。お金の価値を知っていれば、本当に必要なものなのか、不要なものなのか、もっといいものがあるのか、と視野が広がりお金を大事に使うことができます。まずはお金と仲良くすることが金運アップには必要なのです。

出発前にしたいこと

Action
トイレをピカピカに大掃除！

成功者の方で、トイレだけは自分できれいに掃除する人もいるほどトイレは強力な運を持つ場所。まず天井からホコリを落とし、上から下へ拭き上げ、便器を磨いたあとには便座のふたを必ず閉めて。床を拭いたら、仕上げに不浄を避けるためのマストアイテム、トイレマットをきれいにしましょう。換気は常につけておくと、フレッシュな風のおかげでいい空気の流れができます。

Preparation
お財布を小分けにする

お金の扱い方は金運に直結。ビニール袋やポケット、両替したお金を混ぜたままなど、お金の神様をぞんざいに扱わないようにしましょう。旅先用にチップや小物を買うための少額財布と、通常使いの財布に分けておくと安全対策と浪費防止に効果的。使い慣れてない通貨でも、さっとスマートに支払いを済ませることができます。

空港＆機内でしたいこと

At the airport
"ん" が付くものを食べておく

出発前には、うどんやラーメン、かつ丼などの国民食を食べて運を付けましょう！ 日本人はゲン担ぎが好きですよね。ゲン担ぎも成功するためのアクションだと思うことで、実現に近づくのです。私はいつも勝利や成功をイメージしながら "ん" の付くメニューを味わっています。旅先では、現地のメニュー名で "ん" が付くものを探してみると、ゲームみたいでワクワクします。

In an airplane
日本未公開の映画をチェック！

先手必勝！ 金運を上げるには、トレンドを押さえておくことが大切です。映画もそう。話題になってから観るのでは凡人。事前にチェックして会話を作ることができるのが成功者。実際に私のまわりの方々も機内で公開前の映画をチェックし、いざ日本で公開というタイミングで「もう観たよ！」と言っている人が多い印象。成功者は好き嫌いに関係なく、何かと情報通が多いです。

CHAPTER 3 運気別 Check List

  一度きりの人生だから。主人公はあなただよ！

旅行中にしたいこと

Hotel
門構えが立派なラグジュアリーホテルへ

金運を上げるには、ちょっと奮発してホテルを選んでみて。ラグジュアリーホテルの一流の接客やおもてなしは、受けるだけで気持ちを豊かにしてくれます。老舗ホテルを続けるには、経済的にも大変困難なこと。それを乗り越え、時代を超えて愛される場所はパワーに満ちています。著名人が愛したホテルや、物語があるこだわりのホテルから価値を学びましょう。

Food
イエローカラーの食べ物がgood！

世界的に黄色い食べ物は、幸運の食べ物とされています。風水的にも黄色は幸福・繁栄・成功のカラー。幸運体質になりたいと思ったら、毎日意図的に黄色いものを食べてみて。特に旅行中は、いつもと違うものをいただくことで新しいパワーが全身を巡ります。その土地でしか食べられない郷土料理、今しか食べられない旬な食材を味わって口からいっぱい福を取り込んで。

Sightseeing
本店や発祥の地を訪れるべし

高級ブランドショップの本店や人気スイーツ発祥の店など、売れている場所にはお金が集まり強力なパワーが宿っています。金運アップを希望する人は、事前にガイドブックでチェックをして旅先で効率よく回るといいでしょう。逆に、訪れるたびにお店が変わっている場所ってありますよね。何度も潰れてしまう場所は、パワーがないのでできるだけ避けたほうが無難です。

Souvenir
ゴールドアクセサリーやコイン型ペンダントトップ

本物のゴールドのアクセサリーがいいけれど、予算が厳しければ金色のアクセサリーでも大丈夫。王様やお妃様の肖像画を思い浮かべてください！ みんな成功者の象徴である王冠やアクセサリーを付けていませんか？ ナポレオンも大のジュエリー好きだったとか。おみやげには、幸運のシンボルのコイン型チャームのペンダントトップか、キーホルダーで金運のおすそ分けを。

Have a nice trip!

旅行中にしたいこと

Beauty
オイルマッサージでお肌をピカピカに

世界のお金持ちランキングに名を連ねているのは、年のわりに若く見える肌ツヤのいい人ばかり。顔に出るニキビや吹き出物は不調のサイン。私もうまくいっていないとき、自分らしく過ごせていないときは肌荒れに悩まされていました。旅先ではオイルマッサージに行き、お肌をテカテカ＆ピカピカに仕上げてもらって。さらにいいオイルを見つけて、セルフケアを習慣化してください！

Photo
立派な噴水の前で記念撮影を

噴水は金運アップのサイン。昔から発展とステータスのシンボルということもあり、立派なホテルや貴族のお城の前には噴水がよくあります。勢いよく水があふれ出ているものほどいいといわれ、逆に水が濁っている、虫が湧き出ているなど汚い噴水は、運気が悪くなってしまいます。旅先で素敵な噴水を見つけたら、水が上に向かって湧き出ているところを撮影するといいですよ。

Action
新月・満月の日に、旅先にいるようにする

新月と満月のタイミングをチェックして、旅の計画をしてみて。特にブルームーンと呼ばれる、満月が2回訪れる月はパワーが強め。飛行機で空の上へ行って月に近づくのもいいし、お気に入りの国や行きたかった場所で過ごすのもいいと思います。ほかにも、有名人に会うと金運が上がるといわれるので、有名な人物の肖像画や銅像、ろう人形の写真を撮るのもおすすめです。

リフレッシュするには

ガス抜きのポーズ

両ひざを近づけて！

金運には「うん」＝お通じが大事！ 便秘気味の人は腸を刺激して快便を目指しましょう。深い呼吸で体内にエネルギーを循環させる魚のポーズや、コリ固まった体を緩めてくれる「屍（しかばね）のポーズ」もおすすめ。安眠効果もあり、旅で疲れた体をリフレッシュ！

CHAPTER 3 運気別 Check List

message Learning never ends. 学ぶ気持ちを大事にして！

～仕事運 UP の秘訣～

BUSINESS

キャリアを上げたければ
ハイクラスの体験をして運勢開花。

　私は、まさに旅で仕事運がアップしたひとり。旅に出たことで人生が大きく動き出しました。実は私、高校を卒業してから就職もせずに地元でくすぶっていました。とりあえず就職するほどの勇気もなく、さらに体が弱かったため冬になると数ヵ月の間は家から出られないような生活を送っていました。

　でも19歳のときに生死に関わる大病をし、三途の川を渡りかけ、亡くなったおじいちゃんから「まだ来ちゃダメ！ 帰りなさい」と言われて無事にあの世に行かずに生き返ることができました。そのときから、「生きる」ことを心の底から楽しまないといけないんだと思い至り、生きることに貪欲になりました！

　インドア派だった私が「死んだら終わり」を合言葉に、未知の世界を探し求め旅をすることを決めたのです。大人になって初めて訪れた国はイタリア。振り返ってみると無意識にフォーチュントリップをしていて、運気が爆アゲ状態になっていたのです！

　イタリアの旅から帰ってきたら、特に仕事運がメキメキ上がっていきました。何と帰国後1年足らずで、イタリアの旅で得たヒントを元に雑貨屋さんのオーナーになったのです。今は副業が認められていたり、休日にだけイベントをしたり、SNSでインフルエンサーになったり、昔と比べて起業するチャンスが増えました。だからこそ夢や目標を諦めず、「高卒だから」「年齢的に遅いし」なんて思わないで最初の一歩を踏み出してみましょう！ 旅をして日常の世界と離れることで、じっくりと自分や仕事について考えて、新しい生き方を見つけることができるかもしれません。旅は無限の可能性を秘めているのですから。

082　*Have a nice trip!*

出発前にしたいこと

Action
メール返信と旅先徹底リサーチ

メールや手紙のやり取りは社会人にとって重要な仕事。できる限り返信は済ませておいて。返事を待っている相手を心配させないのはマナーであり、運をつかむための大事な習慣です。また旅先で効率よく巡るため、訪れる場所と順番そして治安についても調べておいて。予定を詰め込もうとするあまり、遅い時間に危ない場所に到着することのないようスケジュールは余裕をもって。

Preparation
スマホやタブレット端末を旅仕様に

仕事運をアップするには、効率のよさが大事。読みたかった小説や映画をタブレットにダウンロードしておくと、待ち時間を有意義に過ごせます。成功者と一般人は、移動時間の過ごし方がまったく違う気がします。利用する航空会社や翻訳のアプリ、自動車配車サービスやWi-Fiスポットアプリなど、便利なサービスやアプリをどんどんダウンロードして使いこなしましょう。

空港&機内でしたいこと

At the airport
靴の汚れをキレイにしておく

「靴を見れば品格や人格を知る」とヨーロッパでいわれるように、足元はその人の状態を示すバロメーター。日本でも旅人の足の汚れを見て、カゴ代を決めたことが「足元を見る」の語源です。旅行前に靴磨きをしたり、空港に着いたら汚れを拭き取ったりして身を引き締めましょう。スニーカーやサンダルだけでなく、1足は高級店に入れるような素敵な靴を用意しておくと◎。

In an airplane
雲の上からの眺めを目に焼き付ける

雲の上の存在という言葉があるように、運気を上げるには、実際に雲の上に行くことが大事！だからこそ飛行機からの眺めは特別なもの。しかも同じ空は二度と見ることはできません。タイミングがいいと、夕日が沈んでいくところ、ピンクの空、大きな月を見ることができたり、雲のなかに虹のような彩雲が見えることも。しかも彩雲を見ると幸運になれるといわれていますよ。

 泣きたい時は泣こう、我慢は禁物。

旅行中にしたいこと

Hotel
立地がよく高層階のホテルにステイ

仕事運アップには、スケジュール管理が鍵。行きたい場所が近くにある、交通の便がいいといった立地のホテルが吉です。最上級の運勢を求めるなら高層階のホテルへ。その昔、お城や山から街を一望することは、防犯の観点から身分の高い人物しか許されていませんでした。高層階のホテルから眼下を眺望して、エネルギーをたくさんもらってください！

Food
考え尽くされたコース料理をいただく

フルコース料理は、新鮮な食材や旬のものを使ってシェフのアイデアや想いが込められてでき上がったもの。食感や見た目、香り、タイミングなど計算し尽くされています。堪能することによって、ビジネス運＆ステータス運がアップします。一方偏った食事は、貧乏体質の元。余裕がない人ほど簡単に済ませてしまうので、旅先ではご褒美ランチやディナーを味わいましょう。

Sightseeing
繁栄と成功を意味するお城や王宮へ

お城や王宮には、繁栄や成功の意味があります。ヨーロッパからアジアまで、世界中には現在も実に多くの豪華絢爛なお城や王宮が残されています。観光スポットとして公開されている場所が多いので、ぜひ訪れてみてください。その堂々としたたたずまいはもちろん、手仕事の細かい装飾や手入れが行き届いた庭園を見ることも、仕事運アップを狙うのであればチェックしてくださいね。

Souvenir
仕事で使えるアイテムを揃えると吉！

ブランド店で携帯ケース、時計、カバン、名刺入れ、手帳など仕事で使うようなアイテムを購入すると◎。お気に入りでも、日頃使っているものがボロボロだとイメージダウンしてしまいます。仕事の信用を勝ち取るためには、見た目も重要！接客業の人は靴、ヘアオイルなど身だしなみに関わるアイテムを、友達や職場仲間にはノートやペンなどをプレゼントすると仕事運アップ！

CHAPTER 3 運気別 Check List

旅行中にしたいこと

Beauty
頭をすっきりさせてくれるヘッドスパ

日頃パソコンを使った仕事をしていたり、いつも携帯をいじる習慣がある人は、間違いなく頭と目、脳が疲れています。頭が疲れてしまうと、ネガティブ思考になりモチベーションが上がらず、病気もしやすくなったりと、負の連鎖がスタート。旅先では、ヘッドスパの予約を入れマッサージをしてもらいましょう。頭がスッキリすることで、回転もよくなりクリアな思考になれます。

Photo
おしゃれな場所は自分入りで記念撮影

とびっきりおしゃれなホテルやスポットを見つけたら、自分を入れて写真を撮りましょう。心から「こんな暮らしがしたい！」「こんな場所で過ごしたい」と思わせてくれるものや場所は、あなたに大きな影響を与えてくれます。そして、その場所に似合う自分をイメージしてマナーや見た目を気にすることでステータス運がグッとアップするのです！

Action
気前よくチップを支払う＆寄付をする

気持ちよくチップを払う、もしくはチップが不要なところだったら寄付をしてみましょう。必要な場面でお金を使って循環させることは、金運だけでなく仕事運アップにも効果的。ビジネスで成功している人は、本当に謙虚で気が利いて、先々を見通して動くことができる人ばかり。そして必ず感謝の気持ちを伝えるのがうまく、チップを渡すのもスマートです。

リフレッシュするには

スクワット

日本の大女優をはじめ、成功者は毎日の運動を習慣にしている人が多いもの。スクワットは足腰を鍛えることで、旅先でも簡単に体の基盤を作ることができます。また成功するほど周りの人の話を聞くことが大切。耳ほぐしをして、柔軟性を身につけておきましょう。

どこでもできるよ！

message 朝日を眺めて心のデトックスを。

～ 健康運 UP の秘訣 ～

HEALTH

自分を消費しすぎてはダメ！
ときには頑張りすぎない旅が必要。

体の異変を感じたり健康診断に引っかかってから初めて、健康について考えたという人は多いのでは？ 誰もが自分自身に病魔が襲ってくるなんて思いもせず、きつくてもツラくても、なかなか休むことができないのが実情のようです。

私もそんなひとりでした。20代の頃はプレッシャーとの戦いで、親世代の人を相手に必死で交渉や打ち合わせをするばかり。休むこともせず仕事！仕事！仕事！の毎日でした。もちろん同級生の集まりに参加したり、地元の友達と遊んだこともありません。それぐらい仕事一筋で生きていたときに、突然ポキッと心が折れて何もかもが嫌になってしまいました。すべてが無駄に感じてしまい、生きている意味や今までやってきたことも、すべて無意味なのではないかと思ってしまうほど。大好きだと思っていた仕事ですら、どうでもよくなってしまったんです。

今考えれば、相当病んでいたのだと思います。そんな状況を察して、私が壊れる前にと母がハワイに行ってしばらくのんびり過ごすことを提案してくれました。ハワイに渡ってからは、携帯、パソコン、時計などすべてのデジタル機器を手放して心の洗濯をしていました。時間に追われずに何も考えない、ただただ「今」を大事にする。ダイヤモンドヘッドに登ったり、芝生の上でゴロゴロしたり、裸足で過ごしたり……。日焼けも気にせずに、薄着のワンピースとビーチサンダルの毎日が疲れ切った心と体を癒やしてくれました！

私はハワイで、お金では買えない健康の大切さを身に染みて実感しました。昔から「健康第一」とはよくいったもの。すべてのチャクラを開放し、旅という絶好の機会を使って心身ともに健康を目指してもらいたいです。

086　*Have a nice trip*

CHAPTER 3 運気別 Check List

出発前にしたいこと

Action
玄関をしっかり掃除しておく

玄関は家の顔。靴はすべて靴箱にしまい、雑巾で拭き上げておくのが理想です。帰ってきたときに玄関が片付いていると気持ちもスッキリしますよね。帰国時はスーツケースのタイヤを必ず拭いて、床に汚れをつけないようにしましょう。衛生面だけでなく運勢的にもクリーンにしておくことは大事。外の汚れが部屋に入ってこないように、玄関というものがあるわけですから。

Preparation
お気に入りのバスグッズ一式を持参

シャンプーやリンス、石鹸などお気に入りのものを準備しておきましょう。マッサージオイルも用意しておくと、移動でむくんだ足をほぐすときや、時差ボケや疲労で高ぶった気持ちを落ち着かせるときに使えます。特にローズマリーの香りは血行促進、鎮痛作用があるので旅におすすめ。もしもの場合に備えて生理ナプキンや体調不良のための薬も用意しておくと安心です。

空港＆機内でしたいこと

At the airport
快適なフライトにするための準備をする

体調を整えるうえで、フライト時間をどう過ごすかはとても大事。私は必ず搭乗前に空港で着心地のいいウエアに着替え、靴もサンダルやお気に入りのスリッパに履き替えています。乾燥防止にミニサイズのミストスプレーやホットマスクを用意しておくとリラックスして過ごせますよ。また気分転換するために、ミニサイズのマウスウォッシュやスプレーを持参しています。

In an airplane
フットレストや足裏マッサージ

足は第二の心臓。実際に心臓に遠い部分なので、ここをしっかりほぐすことは血行促進にも効果的です。映画を観ながらでもケア時間を作って、足の裏をマッサージすると◎。エコノミー症候群にならないように、定期的に立ったり足を伸ばしたり同じ姿勢が続かないようにしましょう。フットレストを使うのも有効的。そしてしっかり水分補給をしておきましょう。

---

message　ゆっくり寝て、日々の疲れをとってパワー充電。

旅行中にしたいこと

Hotel
自然に囲まれた小規模ホテルに泊まる

たくさんの自然に囲まれた素朴なホテルは、健康運を上げるのにぴったり。鳥の鳴き声や波の音、風の音などに触れることで、使っていなかったパワーが開眼したり、大地からのエネルギーを吸収できます。そして快適な1日をスタートさせる朝ごはんには、旬のフルーツやその土地の食べ物を。朝はバタバタせず、ゆったり朝ごはんをいただきながら、その日の予定を立ててみて。

Food
地産地消やオーガニックレストランへGO！

旅先では、野菜や蜂蜜、卵などの味が日本とまったく違うことにびっくりするでしょう！健康運アップには、とにかく新鮮なものや生産者の想いが込められているものをいただくことが重要。大地の恵みをじかに受けることができます。特にスピルリナ、アサイー、カカオニブ、キヌア、チアシード、ヘンプ、アマニなどのスーパーフードと呼ばれる食材にトライしてみて。

Sightseeing
ファーマーズマーケットやナチュラルショップ

スーパーマーケットやファーマーズマーケットでオーガニック食材をおみやげとして購入したり、天然素材を使ったアクセサリーやエコグッズを探したりするのが吉。体にいいものや自然に優しいものを選んで。オーガニックライフが日本以上に根付いているアメリカでは、セレブ自ら買い物に来る姿もよく目撃されています。SNSをチェックしてセレブのトレンドもチェックして！

Souvenir
エコバッグなど環境に優しいグッズ

日本でも常識になってきているエコバッグは、スーパーみやげの定番。個人的にはホールフーズ、トレーダージョーズ、エレウォンなどのエコバックがおしゃれでおすすめ。スーパーで買ったオーガニックフードを詰めて、エコバッグごとプレゼントしたら喜ばれること間違いなしです。そのほか地元で作られている自然素材を使ったカゴバッグや雑貨などのグッズも見逃せません。

Have a nice trip.

旅行中にしたいこと

Beauty
リラックスできるコーデとメイクで！

コットンや麻素材の着心地がよく気持ちがいいワンピースなどを着てリラックス。締め付けない形であることも重要です。合わせるメイクはすっぴん風がポイント。ゴールドやベージュ、ブラウンなど肌なじみのいいカラーでシンプルかつナチュラルに済ませましょう。むしろ肌質を上げるよう、いつもよりもていねいな洗顔とシートマスクでたっぷりの水分補給を心掛けて。

Photo
海や空などの大自然や美しい植物をパシャ

二度と同じシーンに出会えない自然の風景。気持ちがよくなるような風景を見つけたら、すかさずパシャ！ 特に海は浄化の意味があるので、疲れている人にはぴったりです。また現地の人との写真も心を豊かに穏やかにしてくれてグッド！ 現地の人と触れ合うことで幸福度数が増していきます。ただし勝手に人物を撮るなど、相手に不快感を与える行為はNGです。

Action
現地の体験型レッスンに参加してみて

ヨガ体験や料理教室など気になるレッスンがあれば参加してみて。言葉がわからなくても身振り手振りで何とかなるもの。躊躇してしまうと世界が狭くなってしまいます。私自身もまったく語学ができないのに、ハワイの魔女スクールに通いました。日本語ができる生徒がフォローしてくれて仲良くなり、一緒に魔女が集まる満月の会に参加したり、かけがえのない思い出ができました。

リフレッシュするには

子供のポーズ

全身の力を抜いて！

「子供のポーズ」で全身疲労の回復、肩こりの改善、緊張を緩めて。朝と夕方にするといいのが「勝利の呼吸」と呼ばれるウジャイ呼吸。しっかり深く呼吸することで体内のエネルギーが入れ替わります。そして瞑想で何も考えずに頭を空っぽにしましょう。

message Go for your dream! まっすぐに突き進んで！

To make a fortune trip

《 COLUMN 3 》

おいしくて口福 ♡
知っておきたい意味のある食べ物

　旅の楽しみといえば"食"。風水では、旬の食べ物を食べることが基本ですが、栄養学的にも野菜や果物は旬の時期がもっとも栄養価が高く食べ時です。底力が欲しいときは、大地のエネルギーが宿る「お米」をいただきましょう！私は、中国に行くと必ず炒飯を食べます。中国料理に合わせておかずと一緒にいただきます。バリのジャスミンライスも絶品ですね。

　「麺」もおすすめの開運フード。人と人をつなげてくれる縁結びの食事です。恋愛運アップや出会いを増やしたければひとりで食べて、大事な人と一緒に食べたらその人との仲がぐっと縮まることでしょう。「屋台グルメ」は、エネルギーがみなぎり、成り上がるような強いパワーを持っています。

　そして食べ物は、旅の思い出をより色濃くしてくれます。数年前に訪れたニューヨークではハラルフードのフードトラックを教えてもらい、暗闇で極寒のビル群のなか並んでみました。子供に見える日本人がニューヨーカーに交じって並んでいるのが珍しいからか、たくさんサービスをしてくれました。何より初めて食べた味は、旅の忘れられない記憶になっています。

　食事と旅と開運はリンクしています。イタリアのスパゲティ、ハワイのロコモコ、台湾の麺線、香港の飲茶、韓国のキンパなど──。その国らしいソウルフードをいただきながら、開運も目指せば一石二鳥。そして「あのときおいしかったねぇ」「すごい行列だったよね」と、旅を思い出す会話が盛り上がるはず。食べて！飲んで！旅を思いっきり楽しみましょう！

ロマンティックなお店で恋人と絶品スパゲティをいただこう。活気のある屋台では、パワーをもらって！

CHAPTER 4

MY BEST 5

Fortune Trip

THAT CHANGED MY LIFE

人生を変えた
フォーチュントリップベスト5

旅で人生が大きく変わったという経験をもつイヴルルド遙
華。実際にこれまで行った旅先のなかで、特に思い出深
い場所をエピソードとともにランキング形式で紹介。旅の
自分ルールや、各地のおすすめグルメも必読です。

My Best 5 Fortune Trip

Bali

『 私の世界を広げてくれた開眼の地。』

毎年通い詰めている、私的No.1最強エリア。バリは浄化、癒やし、運気アップをすべて叶えてくれます。そして悩みごとがあっても訪れると進むべき道が見つかるのです。好きが高じて、フォーチュンツアーも企画しています。

episode 01
ブサキ寺院

キンタマーニ高原アグン山中腹にあるバリ・ヒンドゥー教の総本山。正装をして訪れるたび不思議なことに新しい仕事の電話がかかってくるんです。龍のお寺といわれ、空を見上げると龍のような雲が。成功運とパワーアップに最強の場所！

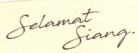

Selamat Siang.

episode 02
トゥカッ・チュプンの滝

初めて訪れた瞬間、ひと目惚れ！マイナスイオンで空気がピーンと張り詰めていて、心も体もクリーニングされます。大きな滝ですが思いきって首を突っ込むと、体中に電気が走る感覚が。モヤモヤしている人に絶対おすすめです。

Have a nice trip!

My Best 5 Fortune Trip

episode 03
ロイヤルピタマハの沐浴場

ウブドの王族が作ったホテルは、お手入れされた自然に囲まれた素敵な場所。ここの沐浴場は天女が訪れたといわれるだけあり、美しく優雅。私は僧侶にお願いして、本格的に祈祷させていただいています。セレブ運アップに！

episode 04
チャンプアン・ウィンドゥ・スガラ寺院

海の神様がカリスマ運、美容運をアップ！特にメンズが愛されると最強の運勢になるとか。海と川が混じる場所での祈祷は、太陽の光と水の洗礼を受けすべてを流してくれます。祈祷後にいただく聖水と聖砂は部屋の浄化や魔よけに。

episode 05
ペニダ島
ギリプトゥリ寺院

本当は秘密にしたい特別な場所。子宮の中と呼ばれ、子宮口のような狭い穴を通って洞窟に入ります。薄暗くて天井の高い空間に、鐘の音やお経を唱える声が響き神秘的。生まれ変われる場所と信じられ、体内の重たいものをすべて手放すことができます。

Mysterious Island

Must eat!
ナシチャンプル

ライスとサラダ、おかずなどが盛られたひと皿。バランスよく食べられるし、サンバルという薬味もピリ辛でクセになります。また気軽に飲める生搾りジュースもおすすめ！特に私はデトックス効果のあるスイカジュースがお気に入り。

My Rules

浄化＆リセットの意味がある「白」の洋服を選んでいます。旅先によって服装って変わりますよね。自分を解放してくれるバリでは、日本で着ないようなノースリーブや肩出しのワンピースなども好んで着ます。

CHAPTER 4 人生を変えた My Best 5 Fortune Trip

message 見て見ぬふりをせずに恐れと向き合う。きっと克服できるはず。

My Best 5 Fortune Trip

Italy

「 考え方や人生の基盤を作った大切な場所。」

今の仕事をはじめるきっかけを作り、旅に対する考え方などを培ったイタリアは、私にとって第二の故郷。滞在中は仲良し家族の家に泊まらせてもらっているので、空港に着いた瞬間「帰ってきた！」とほっとします。

episode 01
マルチェージネ

導かれるように訪れたこの地で馬のひづめ型のお守りに出会い、私の人生が猛スピード変わった思い入れの深い場所。日本人観光客が少なく避暑地で治安がいいので、のんびりとひとり旅を過ごすのにおすすめです。

Unforgettable Memories

episode 02
チンクエテッレ

人生で初めてリゾートの過ごし方を学んだチンクエテッレ。数週間滞在し心地よい風と美しい海、まぶしい太陽とおいしい食事を堪能。何もしない贅沢な時間を過ごしました。カラフルな建物は本当にフォトジェニック！

Have a nice trip!

My Best 5 Fortune Trip

Tutto Delizioso!

episode 03
ヴェネツィア

初めて訪れたときに、世界にはこんなすてきな街があるんだ！と感動した場所。かのナポレオンが「世界一美しい広場」と絶賛したサンマルコ広場や、世界最古のカフェ「カフェ・フローリアン」は必訪。ゴンドラで過ごしたひと時も思い出深いです。

episode 04
シチリア島

数多くの名作の舞台となったシチリア。アフリカや中東などの文化が混じり異国情緒あふれる街並みは、散歩も楽しい。魚介のパスタ、いわし料理、豆の煮込みなど、北とはまったく違う南イタリアの郷土料理は絶品ばかり。

episode 05
カプリ島

青の洞窟で有名なカプリ島は、古代ローマ皇帝アウグストゥスが別荘を建てた場所。今でもお金持ちの別荘がズラリと並んで建っています。金運アップのためにミーハー魂炸裂で、世界の富豪の生活をのぞいています。

Must eat!
ティラミス

ドルチェ（お菓子）は、気軽でおいしいものばかり。ヴェネツィア発祥のティラミスは「私を元気づけて」という意味をもつ開運スイーツ。またお散歩しながらジェラートも◎。食べ歩きには運気アップの意味があるんです。

My Rules

とにかくイタリア人は会話好き。言葉が話せない私は、会話帳を必ず持っていきます。自分からコミュニケーションを取ることで、お店や方言を教えてもらったりと、一歩踏み込んだ経験をすることができます。

CHAPTER 4 人生を変えた My Best 5 Fortune Trip

message 日日是好日！二度とない今日を、よい日にしよう！

My Best 5 Fortune Trip

Hawaii

「疲れたときには楽園でパワーチャージ。」

ハワイはいつ訪れてもハッピーになれる場所。ショッピングもいいですが、キラキラした海や神々しいほどの山々を眺めながら、のんびり過ごしています。大自然のエネルギーをたっぷりもらって心も体もリフレッシュ！

episode 01
ダイヤモンドヘッド

ハワイのパワースポット！頂上からのパノラマビューや、早朝に眺めるサンライズは本当に感動的。登るまでは……という人は、ダイヤモンドヘッドが一望できるカピオラニ公園へ。タイミングによっては絶景をひとり占めできますよ。

episode 02
ラニカイ・ビーチ

ハワイ語で「天国の海」の意味があるラニカイ・ビーチ。エメラルドグリーンの海にさらさらの白砂、大きなブルースカイは、まさに天国。海に浮かんだふたつの山にもパワーが充満。必ず訪れたいお気に入りスポットです！

episode 03
ウルポ・ヘイアウ

ハワイの虹を作ったといわれている小人族メネフネ。全長42m幅54m高さ10mもある大きな神殿跡なのですが、メネフネが1日で作ったという神話が。私が訪れたときはちょうど神聖な霊能者カフナが祈祷をしていました。

Have a nice trip!

My Best 5 Fortune Trip

episode 04

ウィザード・ストーン
魔法使いの石

ワイキキにある柵に囲われた4つの石。16世紀にハワイを訪れたタヒチのカフナ4人が、ハワイを去るときにこの石にマナ（神聖な力）を封じ込めたという伝説が。ハワイに到着したら、まずここを訪れて旅の安全を祈願しています。

Must eat!
ガーリックシュリンプ

ハワイの陽気なパワーや幸運を体内に取り入れましょう。ガーリックシュリンプはエビをガーリックバターでいためたもの。エビは跳ねることから飛躍運、ガーリックはスタミナ運をアップ。さらなる発展や展開を望む人におすすめです！

Must eat!
ロコモコ

ロコモコは、ライスにハンバーグと目玉焼き、グレービーソースがかかったどんぶり。ライスには大地のエネルギーがたっぷり含まれた粘り強さ、卵は金運アップ、ハンバーグは貯金運アップの意味があります！

※ハワイのスピリチュアルスポットは、観光客のためではなく地元で大切にされ守られている場所。感謝と敬意を払い、ルールとマナーを守って訪れてください。

My Rules

最大の浄化スポットの海に入ります。地球への感謝、生まれてきたことへの感謝、がんばる自分を褒めるために3回頭から潜って、全身くまなくクリーンにしています。気持ちと運気をリセットしましょう。

CHAPTER 4 人生を変えた *My Best 5 Fortune Trip*

message　Listen！耳を傾けよう。自分の声、そして人の声に。

My Best 5 Fortune Trip

Cambodia

「力強く生きることの意味を教えてくれた旅。」

「生きること」を本気で考えさせてくれた国。壁にぶつかったら、ぜひカンボジアに行ってほしい。一生懸命生きている人たちの姿を見れば胸が熱くなるはず。旅で自分の世界と視野を広げると、本当に大切なものや幸せが見えてきます。

episode 01
トゥール・スレン虐殺博物館

ポル・ポト政権下の激しい拷問の舞台。数少ない生存者の男性に案内してもらい、生々しいお話を聞いたら涙が止まりませんでした。これが1970年代に起きたことだなんて驚くばかり。自分の悩みが小さすぎて、申し訳ない気持ちでいっぱいに。

episode 02
バッタンバンの地雷原

命の保証はないという書類にサインをし、覚悟を決めて地雷撤去の現場に出向きました。拍子抜けすることに、地雷原にこっそり家を作って住んでいる人がいたり、無邪気に子供が遊んでいる姿にびっくり。普通って何だろうと考えさせられました。

episode 03
バッタンバンの学校訪問

学校訪問先で、一緒に遊んでいた子が「飲む?」と勧めてくれた雨水。濁って虫が湧いている雨水を、私は飲むことができませんでした。当たり前のことが当たり前じゃない。その光景を目の当たりにした経験でした。

Must eat!
クイティウ

あっさりしていて、スルスルッと食べられるライスヌードル。フォーに似ていて薬味や辛さをプラスして自分好みの味に調整して食べてみて。

My Rules

お金を簡単に渡さない。胸がギュッと痛むような光景がたくさんあるけれど、かわいそうだからとお金をあげてしまうことは彼らのためにもなりません。フェアトレード商品や地域のおみやげを購入しています。

Shanghai

My Best 5 Fortune Trip

> 暮らしたいと思うほど通い詰めた場所。

本物の妹のような中国人のお友達がいて、結婚するまでは家を借り毎月のように通っていました。雑多と洗練された雰囲気が入り混じった上海は本当にエネルギッシュ。風水の本場で開運にもぴったりです。

CHAPTER 4 人生を変えた My Best 5 Fortune Trip

episode 01
外灘

必ず訪れているのは、夜景スポットとしても人気の外灘。租界時代の西洋式高層建築が建ち並び、イルミネーションが幻想的。ここに来ると中国の成長や発展を感じることができ、パワーや勇気をもらえます。

episode 02
豫園

明時代の伝統庭園が楽しめる豫園。伝統的な街並みが広がり、タイムスリップしたかのよう。問屋街でもあるので、アクセサリーや手芸品などバラマキみやげを探すのにぴったりです。

episode 03
南京路

全長約5kmある繁華街には、中国らしいおみやげ屋や老舗店などがびっしり。食事も買い物も便利で、中国の最旬を知ることができる場所。街は活気とエネルギーに満ちあふれています。

Must eat!
小籠包

上海が発祥の小籠包。餡と肉汁が逃げないよう丸く皮を包む様は、まさに運も逃さない開運フード。運気を上げたいという人は、中華を食べるといいですよ！

My Rules

上海では、とにかく動きやすいカジュアルスタイルを心掛けています。トイレはまだまだ整っていないところも多いので、いざというときのためにトイレットペーパーをワンロール持ち歩いています！

message 空に向かって Make a wish！願い事を唱えて！

099

To make a fortune trip

《 COLUMN 4 》

絶対行かなきゃ！
世界の直触れ開運スポット

　世界中に数多あるパワースポットのなかには直接手で触れられる場所もあります！ニューヨークにあるチャージング・ブルのオブジェは、イタリア系アメリカ人のアート作品。名前の由来は、金融用語の「盛り上がっている上昇相場」を表すブル・マーケットという言葉からきているとか。なぜか、男性が牛の大事な部分をナデるとパワーアップするといわれるように！今やナデられすぎてツルツルになっています。そしてまったく同じ像を若くパワフルにアップデートしたものが上海にも設置されました！

　ヨーロッパのなかでもイタリアには多くの直触れスポットが存在します。まずローマに行ったら絶対にハズせない真実の口。真実の口は浮気者やうそつき者の手をかみちぎるという伝説があるので、同行者にクギを刺しておくといいかもしれません。トレヴィの泉では、右側の水飲み場で恋人や夫婦で一緒に水を飲むと永遠に一緒にいられるという言い伝えがあるそうです。またミラノのガレリア中央部にある牡牛レリーフの上でクルッと回転すると、幸運がやってくるといわれています。ほかにもヴェローナのジュリエッタ像の胸に触ると恋愛成就、フィレンツェのイノシシ像をなでると幸運が舞い込むなど実にさまざま。すべてを制覇してみるのも楽しいですね。

　たとえガイドブックに大きく紹介されていなくても、本能で行ってみたいと感じた場所には実際に足を運んでみてください。きっとあなたにとって最高のパワースポットであること間違いなしです。

躍動感あふれるニューヨークの「チャージング・ブル」。「真実の口」でのびっくり顔は、写真撮影のお約束

Have a nice trip!

CHAPTER 5

10 PEOPLES'

Fortune Place

十人十色の
フォーチュンプレイス

海外への渡航経験が豊富＆現在海外に住んでいるイヴル
ルド遙華の友人10名が、自身がおすすめする開運の地を
ご紹介。アジアにヨーロッパ、アメリカ大陸までバラエティ
豊かな提案をのぞいてみましょう。

01 my fortune place

ロスアンゼルス
LOS ANGELES

「住んでますます好きになる、私のLAライフ」

Seri Iwahori
岩堀せりさん

20歳でモデルを始め、雑誌や広告を中心に活躍。女優として活動の場を広げる。現在は生活拠点をLAに移し2児の母とモデルを両立。グローバルなライフスタイルを発信するインスタグラムは、幅広い世代の女性から支持される。

📷 iwahoriseri

 2018年から家族で生活の拠点をロスアンゼルス（LA）に移しました。もともとLAに強い思い入れがあったということではなく、子供たちの希望もあり移住を決めたんです。もちろん過去に何度も訪れたことはありますが、住んだらお天気も最高で！ LAがもっと好きになりました。長めの旅行では、行きつけのレストランを1軒見つけるといいと思います。お気に入りがひとつあるだけで、人間関係が広がったり、文化を知ることができたりと、慣れない場所でも自分にとってのすばらしい社交場になるはず！

 最近のおすすめレストランは、ビバリーヒルズの「バートン・ジー」。お料理のプレゼンテーション方法がおもしろいんです！ ショッピングなら定番の「ニーマンマーカス」によく行きます。旬エリアのアボット・キニーにあるセレクトショップ「プリンチペッサ・ヴェニス」もいいですよ。フラッと立ち寄ると必ず欲しいものが見つかります。そのほか「ベニス・ビーチ」や「マリナ・デル・レイ」エリアも必訪です。ぜひ行ってみてくださいね。

My Rules
旅先でも普段と変わらない生活をしたいので、長い時間を過ごすホテル選びにはこだわります。一緒に行く人によってはAirbnbなどのサービスも利用することも。また着る服を悩みたいタイプなので、いつも荷物が多くて大変……。最近は大量の洋服をきれいにパッキングできるようになりました！

From Eve Lourdes
日本から見て北東の方位にあるLA。北東の方位は、不動産運、金運、人間関係運アップのエリア。せりさんが引っ越しをして、人間関係が広がったように、新しいネットワークやご縁を引き寄せてくれる場所です。私自身もせりさんに会いたくてLAを訪問したとき、毎日すてきな出会いがありました。

CHAPTER 5 十人十色の Fortune Place

私のおすすめの旅先は、イギリス南西部の小さな街、グラストンベリー。「妖精の住む魔法の聖地」といわれ、有名な音楽フェスが開催される場所です。お仕事で訪れたのですが、初めてなのに何だか懐かしいデジャヴ感が。帰国後もずっと気になって1年後に再訪しました。改めて訪れるとなぜだか心が落ち着いて、リラックスしたのを覚えています。愛に満ちた場所で、訪問をきっかけにケルト文化にも興味をもちました。

イギリス屈指のパワースポットといわれるグラストンベリーでも、ハズせないのは「トールの丘」と、その頂にある「セント・マイケルの塔」。塔からのパノラマビューはまるで異世界の入口みたいで神秘的です。また丘の入口近くにある「チャリスウェルの井戸」と「LOVE&PEACEの庭園」もぜひ訪れてみてください。ここにあるエンジェル・シートでジョン・レノンが名曲「イマジン」のインスピレーションを感じ、作品になったといわれています。センスが抜群な、「スターチャイルド」というアロマ店も大好きな場所です。

—————— My Rules ——————
乾燥することが多い旅先では1本で顔、髪そして全身に使える「ドゥ・ラ・メールのザ・リニューアル オイル」を使っています。ホテルのバスタブにお湯をためて、ユーカリのオイルを垂らしてそのまま寝ることも。のどや鼻など粘膜ケアには、「エキナセアののどスプレー」がいいですよ！

—————— From Eve Lourdes ——————
グラストンベリーは、「セント・マイケル・ライン（聖ミカエルの線）」という最も強力なレイライン上にあり、「エイブリー・ストーンサークル」、「セント・マイケルズ・マウント」などと一直線上に並んでいます。レイラインは宇宙とつながる場所とも呼ばれているので、アーティストのyUKIさんにぴったり！

02 my fortune place

グラストンベリー
Glastonbury

「懐かしさを感じる私のパワースポット」

yUKIさん

メイクアップアーティスト。単身渡仏し、パット・マクグラス女史に師事。ベースを東京に移し、雑誌、広告、コレクションなど幅広く活躍中。ブランドのアドバイザーなどの経歴を持ち、自身のメイクブランドも手掛けている。
◎ yukimake

message You won't know unless you try!

03 my fortune place

India
インド

「体と心、そして思考まで生まれ変わった滞在」

Reika Hashimoto
橋本麗香さん

10歳でモデルデビュー。女性ファッション誌をはじめ、映画ドラマ、広告等で活躍。心と身体のコンディショニングを実践し、内面を磨き美しく生きる姿勢は多くの女性から支持されている。今後、2冊目となる自身の書籍を出版予定。

reikamaria

私にとっての開運旅先はインド！ 正直行く前は不安が大きかったのですが、帰るときには大好きな場所に。自然の生命力を感じて、不思議と自分も元気になりました。何よりインドの人たちがとってもピュアで、キラキラした目ときれいな心が印象に残っています。

おすすめは宿泊をした「アマンバグ」。デリーから約5時間のロングドライブで到着した、ジャイプル郊外にあるホテルです。にぎやかな街とは完全に別世界のすばらしい空間で、大自然のなかのオアシス。朝日とともに太陽礼拝をしたり、トレッキングをしたり。ソムサガール湖の近くではヨガをして、自然のエネルギーをたっぷり体に取り込みました。もちろん瞑想も！ 自分を深く探求し、覚醒させることができるすばらしいリゾートです。滞在中は、オーガニックの野菜をたくさん食べてお肉は食べていなかったので、1週間くらいでお肌がピカピカになりました。

本当のデトックスは心までスッキリする体験。インドのよさは行かないとわからないと思うので、チャンスがあればぜひ行ってみてほしいです。

―――― **My Rules** ――――

仕事が忙しいときや、心が解放されたいと感じたときに自然を求め旅に出ます。雄大な大自然に触れたり、未知の世界へ行くと、自分と向き合うことができて自分の新たな一面を発見することがあります。旅先では細かいスケジュールはあまり立てずに、心のおもむくままに行動するようにしています！

―――― **From Eve Lourdes** ――――

インドは日本から見て、西の方位にあります。西の方位は、金運、玉の輿運、魅力運、人気運、商売繁盛のエリア。インドで内面に向き合うことで自分のなかにあるものが開花するのです。旅先は、その人を表します。インドはまさに麗香さんらしい旅先。旅先チェックは運勢確認ともいえます。

Have a nice trip!

"世界一戦略"をスローガンに、発展してきたドバイ。その戦略を掲げている場所であれば、私の技術をより多くの人へと広められるのではと思い訪れたのが最初のきっかけです。同時に「いろいろな分野の世界一をご存知であろうドバイの首長シェイク・モハメド・ビン・ラシード（通称）さんに、私の技術を認めてもらいたい」という気持ちもありました。人脈もなく英語も特に話せない状態ながら足しげくドバイに通い続け、たくさんの苦労がありましたがついに首長にお会いすることができたのです！これが人生の大きな転機となり、今では毎月ドバイに招待され施術を行わせてもらっています。ドバイは私の第二の故郷となりました。そして世界中のお客様を受け持つという新たな旅が始まったのです。

何度通っても飽きないドバイですが、おすすめは世界で唯一の7つ星ホテル「バージュ・アル・アラブ」。客室はもちろんですが、27階にあるレストラン「アル ムンタハ」は、アラビア湾の上空200ｍという高さにあり、絶景を眺めながら極上のお食事を楽しむことができます。

CHAPTER.5 十人十色の *Fortune Place*

───── My Rules ─────
機内が乾燥が大敵なので、美容液をつけたあとにビタミンC高濃度オイルで顔をパックし、マスクをして寝るといいですよ。ホテルでは必ず1分フェイスマッサージを。オールハンドで耳下腺とほおの詰まりをほぐします。また旅先ではホスピタリティの勉強を兼ねて、高級ホテルのスパに行きます！

───── From Eve Lourdes ─────
ドバイは日本から見て、北西の方位にあります。世界の大富豪が集まるドバイは、リッチ運、セレブ運を上げてくれる場所。まさにセレブの顧客をもつ上田さんにぴったりです。今回ほとんどの方のおすすめが北西の方位という結果でした。方位を調べてみると、自分が何運に導かれているかわかりますよ！

04 my fortune place

ドバイ
Dubai
「私の人生をグローバルに導いてくれた場所」

Mieko Ueda
上田実絵子さん

エステティックサロン、レーナ・マリアSPA主宰。著書『上田実絵子の美魔女術』、DVD『"神の手"上田実絵子の「朝イチ」小顔マッサージ』を発表。多くの著名人が足しげく通うエステサロンの代表としてマルチに活躍する。

ueda_mieko

 満足するまで自分のためだけの時間を過ごそう。

05 my fortune place

クレタ島
Crete
「歴史のロマンと美しい景色に導かれた旅」

Atsuko Morita
森田敦子さん

日本における植物療法（フィトテラピー）の第一人者。客室乗務員時代に植物療法と出会い渡仏。帰国後、植物療法に基づいた商品開発やスクールを主宰する。近著にデリケートゾーンケアの重要性を説いて話題となった『枯れないからだ』（河出書房）がある。

📷 atsuko1705

※アトランティス大陸の場所については、諸説あります

現代文明を凌ぐ高度な超古代文明があったアトランティス大陸の伝説が残るクレタ島※。未解読文字「ファイストスの円盤」が発見された場所で、世界の始まりを感じる謎多き文字をかたどったアクセサリーを探しに訪れました。

クレタ島でまず見てほしいのは、島を取り囲む青色と水色からアメジスト色に変化していく透き通った海。そして日の出と夕日の赤色が美しい刻々と変わる空。旅先では心をつかみ取られるような景色に出会うことがありますが、ここではそんな瞬間の連続でした。

お買い物ならハーブ専門店「メリッサ」がおすすめ。アフリカ大陸に近いクレタ島のハーブは、抗菌力が強く大昔ペストの流行を抑えたほどだそう。さらにクレタ島発祥といわれるオリーブも見逃せません。またお目当てのリングを見つけたジュエリーショップ「アイウポ」も◎。

今までたくさん旅をしてきましたが、クレタ島で感じた心地よさと不思議なパワーは別格。まさにこの地で運が開けたと感じました。帰国してからもその福福とした感覚が残り私の心をエネルギッシュにしてくれています！

My Rules
旅先は必ず朝日と夕日を望める絶景と、水辺があるところを選ぶようにしています。海と空と太陽が交差した光の色を見つめていると、心と体の内部が大地につながっていくような感覚になれるからです。自然に包まれることと、祈りの気持ちをもって滞在できる心地よさを旅には求めています。

From Eve Lourdes
クレタ島はエーゲ海に浮かぶ美しい島。ギリシア神話に登場する牛頭人身の怪物ミーノータウロスを閉じ込めた「クノッソス宮殿のラビュリントス」や、ギリシア神話の最高神ゼウスが生まれ育ったといわれる「ディクテオン洞窟」など見どころ満載。神話レベルの開運スポットで、運気を爆上げしましょう！

CHAPTER 5 十人十色の Fortune Place

数年前からフィトテラピー（植物療法）を学んでいることもあり、最近特に思い出に残った旅はドイツのビオホテルツアー。ミュンヘンから2時間ほど電車に揺られて到着した、バイエルン州バイリッシュツェルの「タンナーホフ・ホテル」に滞在しました。

Wi-Fiもない完全なデジタルデトックスの環境に最初は戸惑いましたが……、滞在中は五感が研ぎ澄まされ教科書では学ぶことができない体験がたくさん！地元で取れた食材を使ったディナーは質素ながら体に優しくておいしかったし、リネン類にいたるまですべてがオーガニック。自然療法士の先生と行ったハーブトレッキングも忘れられません。毎日がリトリートの連続。

ツアーの案内人は、ドイツでオーガニック専門家として活躍するレムケなつこさんとニュージーランドで究極のオーガニック＆サステイナブルライフを送る四角大輔さん。おふたりの講義を通して、"真のサステイナブル"を考えるきっかけにもなりました。短い滞在でしたが、今後の人生に生かせる実になる体験ができました。

My Rules

旅に出るタイミングはインスピレーション。知らないものや、新しい場所を知りたいというワクワク感を大事にしています！移動自体が好きなので遠ければ遠いほど◎。宿泊はできるだけ自然光が入ってくるように、窓が多いお部屋を選ぶようにしています。また小規模ホテルに泊まることが多いです。

From Eve Lourdes

ドイツは日本から見て、北西の方位にあります。北西の方位は、成功、チャンス、金運、出世、引き寄せ力アップのエリア。忙しい人ほど、大自然のなかで人間らしい生活をすると本能を呼び覚ますことができます。ゆみえさんは、センスや才能にあふれる方なので、今後のビジネス展開が楽しみです。

06 my fortune place

Germany
ドイツ

「五感をフル稼働させて、自分を高める学びの旅」

Yumie Kazama
風間ゆみえさん

ファッションディレクター、ブランドアドバイザー、スタイリスト、AMPP認定植物療法士。ファッションの枠にとらわれず、女性のライフスタイル全般をプロデュース。仕事はもちろんプライベートで年に数回旅に出る。
◉ yumie_kazama

message | I believe what my heart tells me.

107

07 my fortune place

Bali
バリ

「引き寄せられて移住したスピリチュアルな島」

Amy Suzuki
鈴木あみさん

バリ島在住のマルチコーディネーター。五感と第六感を使って美、食、スピリチュアルなどの魅力を伝える。在住20年以上の経験と独自のセンスを生かして旅をアレンジ。幸せと元気をもらえるとクチコミで密かに広がり話題を集めている。

cureojourney.com/

私がバリに魅了された瞬間は、龍神にまつわる寺院のひとつ「グヌン・カウィ遺跡にある寺院」で参拝している時でした。初代インドネシア大統領も瞑想に訪れていたという神聖な場所があり、そこで瞑想をした際にお供え物と共にささげたお香の煙が突然、渦を巻いたり真っぷたつに一直線に流れはじめたりと、見えない世界があることをはっきりと感じさせてくれる体験をしました。それまであまり気にしたことがなかった龍神の存在を確信。これがきっかけでスピリチュアルな体験を主とした旅行コーディネートのお仕事を始めました。

魅力が尽きないバリですが、おすすめは「ウルワツサーフヴィラス」。ヴィラのお部屋を出てインド洋をひとり占めしたら、悩み事がうそのようになくなり心に余裕ができる絶景ポイント。ホテルのレストラン「マナウルワツレストラン＆バー」もぜひ。絶品の食事と、細部にまでこだわりがあり五感で楽しめるお店ですよ。

見えるもの見えないものも含めて、宝探しをするような滞在ができるバリ。魅力あふれる島を堪能してください。

―――― **My Rules** ――――
バリでのルールですが、毎日夕日を眺めています。見続けても飽きない、神様が1日のごほうびにと見せてくれる芸術。島内どこにいても変わりゆく色の変化を楽しめ、ハッピーな気分になれます。また亜熱帯地域ではありますが季節があり、それを知らせてくれる旬のフルーツを取るようにしています。

―――― **From Eve Lourdes** ――――
バリ島は、日本から見て南西の方位にあります。南西の方位は、家庭運、安定運、夫婦円満運アップにぴったり。落ち着いた信頼関係を築ける場所です。インスタでいつも拝見している、あみさんのご家族もとってもすてき。バリは、嫌なことを忘れさせてくれ、優しい気持ちにしてくれる場所です。

CHAPTER 5 十人十色の Fortune Place

ファッション、食、芸術と世界から注目されるパリ。重厚感のある建物や絵になるエッフェル塔に魅了され、いつ訪れても心が踊るような場所です。

ジュエリーを作っているので、「グランサンク」と呼ばれる歴史あるパリの5つのジュエラー（メレリオ・ディ・メレー、ショーメ、モーブッサン、ブシュロン、ヴァン クリーフ&アーペル）がある「ヴァンドーム広場」は僕のパワースポット。憧れの場所であると同時に、訪れると初心に帰ることができます。仕事や趣味と縁の深いスポットに行くというのは、その人にしかわからない感動があるはず。「自分にとってのスペシャル」を探す旅というのもいいんじゃないかと思います。

困ったときはやっぱり「ギャラリー・ラファイエット」。おみやげ選びはもちろん、ビザンチン様式のステンドグラスがあしらわれたクーポール（丸天井）は圧巻で、季節ごとのテーマで彩られるショーウインドーも楽しみです。パリは古いものと新しいものが混ざり合って、いつまでもワクワクさせてくれる、そんな街です。

My Rules

旅は人生を色鮮やかに彩ってくれるもの。いい意味で現実逃避したいときは旅に出て異文化に触れ、価値観や考え方をアップデートしています。街のグラフィックを撮影したり、地下鉄に乗って散歩に出かけたり、その土地のものに触れて、見て、感じて、味わって、自分の世界が広がるよう心掛けています。

From Eve Lourdes

パリでは、いいことが続いているときにゲン担ぎとして、悪いことが起こらないように「Je touche du bois.（ジュ・テゥシュ・デュ・ブワ）」と唱えるそう。意味は「木に触る」。樹木や木製のものに、触りながら言うんです。パリにはたくさんの迷信やゲン担ぎがあるので、旅と一緒に楽しんで！

08 my fortune place

Paris
パリ

「伝統と革新が、刺激と好奇心を与えてくれる街」

Eight Sugiura
杉浦エイトさん

占い師。エレメント占い、フォーチュンサイクル占い、ストーンタロットを中心に活動。ジュエリーデザイナーの経歴から天然石を使ったタロットや、香りを使って体調の悩みを改善するためのアドバイスなど、アロマやハーブの研究も行っている。

@eight_sugiura

message｜Open your heart. 心の扉を開いて！

09 my fortune place

Seoul
ソウル

「離れて初めて愛しくなった My タウン」

Shin Jeewon

シン・ジウォンさん

韓国生まれの作詞家・アーティストプロデューサー。16歳で作詞家としてデビューし、SMエンターテインメントの専属作詞家として活躍。日本留学の経験があり、日本語も堪能。現在はソウルと東京をベースに、日韓米でエンタメ企画をプロデュース中。

自分が生まれ育った場所で、大人になるまで特に思い入れもなかったソウル。でも離れて暮らし、外に出てみて初めてよさを知り特別な感情をもつようになりました。

ソウルの魅力は、歴史を感じる場所と最先端のスポットが入り混じっているところ。今やソウルに帰るたび、開運スポットや旬といわれる場所へ足を運んでいます。

おすすめは「奉恩寺（ボンウンサ）」。江南のど真ん中にあるお寺で、浄化と癒やし効果が絶大です。韓国では、学力向上と子供の健やかな成長を願う場所として有名。そしてもうひとつのおすすめが「大聖堂（デソンサ）」。こちらはビジネス運や昇進に効く場所といわれています。裏にある「芸術の殿堂（イェスレチョンダン）」では演劇や写真展が開催されているので、一緒に訪れてみてください。上演されるミュージカルは演技や歌唱力が素晴らしいのでエンタメ好きな人はぜひ！お買い物なら「MSMR」の靴下やTシャツを。ド派手なデザインがかわいくて、ソウルみやげに喜ばれること間違いなしです。さまざまな顔をもつソウルを楽しんでくださいね。

My Rules

開運のはじまりは気分転換から。リフレッシュをしたいときは、どこでも1dayクラスに参加するようにしています。ソウルなら「ROMI'S BAKERY」というお店のケーキレッスンがおすすめ。キュートなケーキ作りが体験できますよ！本当においしくて、もちろん購入のみもOKです。

From Eve Lourdes

韓国は、日本から一番近い西の方位の外国。西の方位は魅力運、モテ運、金運アップの最強方位なので、運気転換したいと思ったらおすすめ。シンさんからは、いつもトレンドの韓国美容を教えてもらっています。韓国コスメをチェックしたり、アイドルに心ときめかせることで女性ホルモンアップ！

CHAPTER 5 十人十色の Fortune Place

どこでも手を合わせ微笑みかけてくれるタイ人。マイペンライ（大丈夫）が言い表すおおらかな人柄にひかれ、タイに通うように。そしてついには結婚までした私。

きらびやかな寺院やパワースポットがあるだけでなく、生活に仏教が根付いているタイ。街なかを歩く僧侶の姿や真剣に祈りをささげる人々を見かけます。私も節目には願いが叶うと有名なバンコクの「エーラーワンの祠」にお参りを。やりたい仕事に就けたり、思いがけない方向に道が開けたりと、人脈が広がっている気がしています。

タイのなかでもおすすめは、プーケットとチェンマイ。プーケット最南端の「プロンテップ岬」は、私のパワーの源。見晴らしのいい岬、ダイナミックなアンダマン海、夕暮れ時のグラデーションはため息もの。悩み事なんて小さく思え、感謝の気持ちでいっぱいになります。またタイ王朝へタイムスリップしたような「スコースパ」も最高です。実はタイはスパ先進国なんです。チェンマイでは雑貨ショップ「ジンジャー」へ。キッチュでカラフルな雑貨は持っているだけでハッピーな気分になりますよ。

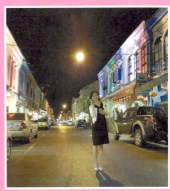

My Rules

おもしろそうなことや人との出会いを大切にしたいので、旅先では現地の人と積極的にコミュニケーションを取るようにしています。無理はしない程度に、そのときの直感や心の声に従っています！またスパが大好きなので、時間の許す限りスパに通って心からリラックスできる時間を設けています。

From Eve Lourdes

タイはパワースポットの宝庫。特に私のお気に入りは、バンコクにあるピンクのガネーシャ像で有名な「ワット・サマーン・ラタナーラーム」。そのガネーシャ像に願いを伝えてくれるのは、7色で曜日を表した7体のネズミ像。自分の生まれた曜日の像の耳元で、お願い事を口にするといいですよ。

10 my fortune place
Thailand
タイ
「寛容で情に厚い人々とのご縁をつなぐ地」

Chiaki Kantong
カントン千晶さん

アジアリゾートホテルのマーケティングコンサルタント。プーケットに8年間在住＆結婚。その間、老舗高級ホテルに勤務。帰国後は東京に事務所を設立。現在はタイを訪問する日本人客に喜ばれるようタイのホテルをブランディング。

📷 chiaki_kantong

> message 休息が必要！何も考えず頭を空っぽに。

To make a fortune trip

《 COLUMN 5 》

ハッピーのおすそ分け！
ラッキーモチーフをおみやげに

　旅でのショッピング、楽しいですよね。特にその土地ならではのおみやげ探しはワクワクします。せっかく人にあげるのならば、ラッキーモチーフを使ったおみやげなど縁起のいいものが喜ばれるはず。例えばカエルのモチーフは中国やヨーロッパで金運、子宝、繁栄の意味があり幸運のシンボルとして人気です。ほかにも私の人生を変えたイタリアで買った馬のひづめのチャーム。馬のひづめは幸運の印として有名なんですよ！

　人にプレゼントしても自分でつけてもよいお守りは、おみやげ候補として人気。お守りの起源は、旅に出る人の無事の帰還を祈って渡したモノだといわれています。現代に比べ格段に命を落とすリスクが高く、帰ってくるまでどこで何をしているかわからない時代、大切な人を送り出す立場の人も、目的のために出かける人も、命がけの決心だったのではないでしょうか。だから私は世界中のお守りにストーリーを感じ、おみやげとして購入して自分の大事な人に渡しています。

　奇跡を招くお守りといえば、パリの「奇跡のメダイユ教会」のメダルが有名。3つ手元に揃うと、強力なパワーになるという言い伝えがあるそうです。そのほかアメリカのセドナやハワイ、バリでは、ドリームキャッチャーが大人気。悪夢を取り払ってくれるといわれるお守りです。ほかにも世界各地にはいろいろな幸運モチーフやお守りがあるので、旅先の思い出にぜひともチェックしてみてください！

「家運興隆」「子孫繁栄」「商売繁盛」の意味をもつ、ひょうたんとカエルのモチーフ

112　*Have a nice trip!*

CHAPTER 6

Fortune Trip

8 METHODS

BY EVE LOURDES HARUKA

イヴルルド遙華の開運旅8ヵ条

これから旅で開運したいと思っているあなたに向けて、イヴ
ルルド遙華から伝えたいこと。旅をする際の心構えや気を
つけておきたいことを、全8ヵ条にして伝授。きっとすばら
しい旅が待っていますよ♪

思い通りにならなくても
切り替えが大切

　楽しみにしていた旅ほど、自分の思い通りにならないと「せっかくの旅行が台なし！」と、悲しい思いが募りやすいもの。でも、ここで引きずってしまうとそのあとずっとモヤモヤした気持ちで残りの日程を過ごしてしまうことになります。

　例えば楽しみにしていたアクティビティが悪天候で参加できなくなる、なんてことありますよね。そんなときはドライブをしたり、ゆっくり時間をかけて食事を楽しんだり、気持ちを切り替えてできる範囲で思いっきり楽しむことが大事。アクティビティには参加できないけれど、私に今、必要なことはこれだったんだと思うことで前向きな気持ちになれるはずです。

　旅は時間に限りがあるから、うまくいかないと次のチャレンジをできなかったりするけれど、上手に気分転換をしたり、予定外の行動を思いっきり楽しむことが大切。機転の利く人は、旅だけでなく人生も楽しむことができる人。運が悪い人ほど、ずっとダメだったことやうまくいかなかったことにとらわれて大事な時間を無駄にしてしまうのです。

　ストライキが比較的よくあるヨーロッパの国では、バスが動いていない！ 電車が動いていない！ なんて状況に遭遇することもあります。でもスケジュールが変わったことで、もともと会う予定のない人に会えたり、行く予定がなかったところに行けたりすると、本当に必要なことを引き寄せてくれたんだという気えさします。

　虹を見られるのも、雨が降ってくれるからこそ。ピンチやうまくいかないことほど、実は気づきのサインが潜んでいたりするのです。たとえ困難な状況に陥っても、自分は必ず"ハッピーエンドになるんだ"という考えを持ち行動しましょう！

旅は同行者とあなたの相性の確認によし！

　私は人と付き合うとまず、国内旅行、そして、海外旅行に必ず一緒に行って、相手の価値観や本性、感覚を試すようにしています。かつて「成田離婚」という言葉があったように、旅でその人のことがいろいろと見えることがありますからね。

　特に日本語が通じない場所への旅は、相手も私もストレスを感じやすいので、ピンチになったときの対応の仕方や、瞬間的な言動にその人の本質が出ます。行きたかったお店が閉まっていて何も食べるものがないとき、チクチク文句を言う人なのか、前向きに新しいお店を探せる人なのか。どうポジティブに接してくれるのかをチェックすることは大切です。もちろん今のパートナーも旅のチェックをして合格したひとり。喧嘩もしたけれど、私の話をちゃんと聞いてくれて仲直りを必ずしてくれる人。実際に今、約10年一緒にいるけれど、本当に飽きずに仲良くやれています。

　旅行の計画を立てる際、行きたい場所が決まっているときは、その場所によってひとりがいいのか、誰かと行くほうがいいのかを考えて決めています。先に同行者が決まっている場合は、同行者によって旅のプランを大きく変えています。私には小さい頃の家族旅行の思い出がありません。仕事人間で亭主関白、さらに好き嫌いが激しい父を海外旅行に連れて行けるようになったことは、自分でも成長したなと思えるほど。両親の結婚記念日にマカオでカジノ体験、父とイタリア一周旅行、歴史好きな祖父と家族で上海、3姉妹で貧乏ヨーロッパ横断旅行など、大人になってからの旅の思い出はプライスレスです。お金がない、時間がないなんていわずに、まずは旅の計画から始めてみてはどうでしょうか。

とにかく伝えたいという
気持ちが大事！

　自慢じゃありませんが、私はまったく語学ができません。でも"気持ちを伝えたい"という思いは人一倍強いです。だから旅先でも身振り手振りのジェスチャーや会話帳を使って、片言の現地語や英語で強引に話しかけています。

　「旅の恥はかき捨て」マインドは本当に重要だと思っています！少なくとも現地のあいさつぐらいは覚えておいて、話のきっかけを作ると相手も喜んでくれるはず。もし現地語であいさつをしても適当な対応の人は、感じが悪い人と割り切ることが嫌な気持ちにならないポイントです。

　かくいう私も言葉の失敗談は数知れず……。中国ではまったく発音が通じなくて「福岡から来ました」が「袋の中から来ました」と聞こえていたり、フランスのルルドでは、電車がなくて困り果て近くにいた年配の男性に話しかけたらしつこくナンパをされたり。でも逆にイタリアでは、たまたま隣の席に居合わせたおじいちゃん＆おばあちゃんと仲良くなって文通を始めたこともあります。積極的にコミュニケーションを取ることは、いいことも悪いこともある。でも私の経験値を上げてくれていることは間違いありません。そして危機管理をしっかりしておけば、嫌なことや大変なこともいつしか笑い話になります。

　私の鑑定に来ているお客さんでも、飛行機の隣の席だった人と付き合うことになったり、離婚の傷心旅のハワイでたまたま仲良くなった人とのちに結婚することになったり。旅で運命の恋人との出会いを果たしている人もたくさんいらっしゃいます。旅は新たな出会いや運命を引き合わせてくれる場です。でもそれを引き寄せるのは、あなた自身の気持ちにかかっているのです。

第4条

危険察知は敏感に
なりすぎるくらいがちょうどいい！

　海外では「恥をかき捨て」と言っている私ですが、危険だなと判断したことは絶対にしません。なるべくどこの場所でも、現地の友達がいない限りは夜8時にはホテルに戻るようにしています。特にひとり旅や女友達との旅では安全第一！

　帰りが夜遅くなった時や、危険なにおいがすると感じたら迷わずタクシーを使います。国によって違いがありますが、旅行前に旅先のタクシー事情を確認しておきます。そして何かあったときのことを考えて、個人タクシーは避けるようにしています。白タクのような無認可のタクシーも、実に多くの国に存在しています。タクシー待ちしていたらそっと声をかけてくるのですが、あやふやのままタクシーに乗ってしまうと、ぼられる可能性があるので気をつけてください。

　話題のUberは場所も金額も明確にできて便利です。しかも場所を伝える必要がないので、言葉の面でも安心。最近はよく使っています。万が一タクシーやUberを呼べない場合は、なるべく人が歩いている明るい道を選びましょう。特に夜道は警戒をしないと、日本とはまったく危険の度合いが違います。

　以前ハワイ島で夜7時に近くのスーパーまで雑木林を通って行こうとしたのですが、なんだか急に怖くなって引き返しました。そして「はっ！」としました！何と雑木林から白い眼がこちらをじーっと見ているではないですか!? 何者かが、こちらの様子をうかがっていたのです！何も考えずに雑木林に入っていたらと思うとゾッとします。海外では油断は禁物。トイレに行くときだって、誰かと一緒に行くなど危険を回避することが大切です。想定されるトラブルと、その対処方法を常に考えて行動することを心掛けましょう。

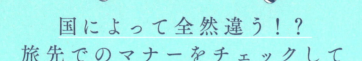

国によって全然違う！？
旅先でのマナーをチェックして

　旅行に行く前に確認しておいてほしいのが、訪れる国によって違うマナー。例えばシンガポールでは、ガムの持ち込みが禁止。もし路上でガムを吐き捨てたり、公の場でガムを噛んでいると罰金！その額は1万シンガポールドル（約80万円）と驚きの高さです。そのほかポイ捨てや落書き、ツバ吐き、何と鳥の餌やりなども禁止。さらには電車のなかでの飲食も罰金対象なんです。

　ビーチに行ったら冷たいビールで乾杯することありますよね。でもハワイでは、アルコール禁止！明らかに到着したばかりの日本人が、ワイキキビーチで片手にビールを持っている姿を見かけますが、すぐに警察に注意されるので気をつけて。タイではかわいい子供を見ても、いい子いい子をしてはいけません。頭は神聖な場所とされているので、頭をなでてはいけないのです。子供だけではなく、ペットにも適用されるらしいので、ワンちゃん、ネコちゃんの頭もなでないように！韓国では、正座は罰を受ける罪人の座り方なんだそう。人前で正座はタブーとされています。さらにはお箸の使い方も違います。お箸はおかずを取るときに使って、ご飯やスープをスプーンでいただき、食器を持ち上げて食べるのは失礼になります。地元の人と一緒に食事をするときは、特に気をつけたいですね。

　手のジェスチャーも国によって全然違う意味をもっています。写真を撮るときの裏ピースサインは、ギリシアやイギリスで侮辱のサインなんだとか。サムズアップも中東などでは性的に相手を侮辱するしぐさです。

　旅先が決まったらガイドブックやネットで各国のマナーや注意事項を確認して。知っておくことで余計な心配をしないで安心して旅を楽しむことができます。

今しか見られない
リアルな瞬間を心に刻んで！

　最近旅先でよく見かけるのが、常にスマホを手放さずどんな絶景も携帯のカメラ越しに楽しむ人。レストランに行けば、できたてのおいしそうなものが目の前に並んでいるのに、ずっと角度を変えて写真を撮ってばかり。SNS映えのために食べきれないほどの食事をオーダーする人たちまでいるようです。そしてほとんど食べずに帰ってしまうこともあるとか。観光地では同じ場所で洋服を取り替え引っ替えして、撮影大会をしている人も見かけます。それでは「いいね！」欲しさに旅をしているだけ。そんな旅って本当に記憶に残るのでしょうか？

　またせっかく海外にまで来たのに、仕事のメールにずっと追われていたり、携帯でゲームをしたり、ずっとSNSをチェックしていたり……。それでは、虹にも気がつくことができないし、治安の悪いところだったらお財布だって狙われてしまうかも。インターネットやSNSは情報収集に便利ですが、それにとらわれてしまい携帯ばかりいじっていると"感動の瞬間"を見逃してしまいます。鳥の鳴き声、風に揺れる木々の音、現地の人たちの心地いい笑い声、海辺の波の音など、どれもその瞬間しか感じることができない幸せ。画面越しではなく、ぜひ自分の目で耳で手でリアルに感じ取ってください。

　さらにインフルエンサーがすごい写真を撮るために、崖ギリギリのところに立ったり、野生動物の近くに寄ってみたり、電車から身を乗り出してみたりと、映える写真のために危険を冒して、なかには命を落としてしまう人もいます。注意力が散漫になると危険なことに巻き込まれてしまう可能性だってあります。無事に家に帰りつくまでが旅。依存しすぎないスマホとの付き合い方が大切です。

いつもと同じ殻を脱いで新しい自分を発見しよう！

　旅行中は予想もしないハプニングが起こることも。例えばレストランでショーを見ていると、ダンサーが「一緒に踊りませんか？」と誘ってくることがあります。そんなとき恥ずかしさから「いいです！いいです！」と断っていませんか？ せっかくだからトライしてみることをおすすめします。どうせ誰もあなただけを見てはいませんし、もしそこで下手な踊りを見せてしまっても、みんなのおもしろい旅のみやげ話ができるのですからいいじゃないですか。

　先日バリで、日本から一緒に旅したメンバー全員と舞台に上がって踊ることになりました。まったく上手には踊れませんでしたが、終始みんなでゲラゲラ笑いっぱなし。そのあとも道中ずっとこのネタで持ち切りでした。

　イタリアでワイン収穫祭に参加したときには、イタリアの国営放送の取材依頼がありました。ワインを飲んでカメラに向かって「Buono！」と微笑んでとオーダーが……。いつもだったら「絶対に無理！」と断るところを、せっかくの記念だからと出演させてもらうことに。翌日、街を歩いていたら地元のイタリア人から「昨日、テレビ見たよ！」とたくさん声をかけられました。

　恥ずかしかったけれど、ちょっと勇気を出して挑戦してみたことはいい思い出に変化します。シャイな人やいつも人の目を気にして生活している人ほど、海外では心を解放してみるといいでしょう。

　人生は思い出作り！ 何もしなければ、恥はかかないけれど思い出もあっさりしたものになってしまいます。旅の最中は自分を変える格好の機会。私もそうやって、旅をするたびに強くなることができました。

本当に自分がしたい理想の旅を思い描く

　旅行を計画するときに、自分がどんな旅をしたいのかをまず考えます。とにかく予定を詰め込んでスケジュール通りに進めるプランにするのか、行き当たりばったりを楽しむのか。そのときどきの気分やテンション、季節などを考えて自分なりの旅テーマを設けています。

　スパゲティにハマっているときは、昼と夜にカルボナーラしか食べないイタリア旅をしたことも。カルボナーラといってもエリアやお店によって全然違ったので、結果楽しめたのですが……。料理学校に行っていた弟と友達でイタリアとフランスの地元料理を食べる周遊旅をしたり、3姉妹でピカソを巡るアートな旅をしてみたり。

　わざわざ歌舞伎を観るためだけにイギリスへと飛び立ったこともありました。しかもそのときは購入できていたと思っていたチケットが買えておらず、当日会場で真っ青に。オドオドしていたら、何と富司純子さんが優しく声をかけてくださって、当日チケットの購入方法と特別無料イベントがあることを教えてくださったのです。神かと思ったのを、今でも鮮明に覚えています。

　旅のテーマを決めて何をするかはすべて自分次第。ツアーであっても、自由な時間を使って自分の好きなことや場所に行くことができるはず。いつもだったら会えないような人に会えたり、特別な経験ができるのも旅の醍醐味でしょう。

　あなたはこれからどんな旅がしたいですか？ 私は時間ができると、次はどんな旅をしようかなぁと思いをはせています。ガイドブックや旅行パンフレットをめくっていると、心がワクワクしてきます。理想の旅を思い描くことは、あなたの引き寄せ力を存分に高めてくれますよ。

SPECIAL CONTENTS

運命の旅日程が見つかるかも！？
FORTUNE TRIP

21st Mar.–19th Apr.
（3月21日から4月19日）

何か新しいことをスタートさせたり、初めての体験をしたり、あなたのなかで、ワクワク・ドキドキの刺激が必要なとき。新しい経験をすることで、今まで持っていなかった価値観や目標を見つけることができるでしょう。その思いがあなたを強くしてくれたり、やる気を与えてくれます。

20th Apr.–20th May
（4月20日から5月20日）

物事を冷静に考える時間が必要な期間。旅先では、ゆっくり朝ごはんを食べてみたり、カフェに寄ってのんびりするなど、余裕を持った時間の使い方が必要。朝から夜までぎっちり予定を詰めて時間に追われてしまうと、旅の内容も感動も薄くなってしまいます。

21st May–21st Jun.
（5月21日から6月21日）

人との出会い、コミュニケーションが鍵！海外出張やビジネスの旅、留学をするならこの時期が吉。引き寄せ力もアップしているので、積極的に現地の人に話しかけ、会話を楽しみましょう。語学が堪能じゃなくても伝えようとする気持ちが大事。そこから出会いが広がるはず。

22nd Jun.–22nd Jul.
（6月22日から7月22日）

恋人や身内との旅が幸運を運んできてくれます。新婚旅行や記念旅行など、思い出作りにぴったりなとき。この期間は家庭運やパートナー運が上がるので、ふたりきりの食事や家族団欒の時間を作り会話をすることが大事です。ひとり旅の場合は、自分のことを気遣ってあげましょう。

Have a nice trip!

CALENDER

旅はタイミングが大切！1年のなかでも時期によって旅でするといいことがあります。目的が決まったら、下記を参考に旅の日程を考えてみて。

23rd Jul.-22nd Aug.
（7月23日から8月22日）

主役になりきって、派手に過ごすのが吉！人の目を気にせずに、私は女優！という気分で華やかな洋服やメイク、アクセサリーでいつも以上に存在感を発揮しましょう。そうすることで自分に自信をもつことができます。レストランでも、真ん中や目立つ席に座るよう心掛けて。

23rd Aug.-22nd Sep.
（8月23日から9月22日）

心を落ち着かせる時間が必要。旅行期間中は、パソコンや携帯の電源をオフにしてデジタルデトックスを。朝日を見る、夜は早いうちに寝るなど人間らしい生活を送って、普段の睡眠不足や疲れを取りましょう。ヨガや瞑想で心を浄化するもの◎。ひとり旅や自分を見つめる旅もおすすめです。

23rd Sep.-23rd Oct.
（9月23日から10月23日）

グルメやファッションを楽しむのにいい時期。新作アイテムや気になっていたブランドをチェックしたり、素敵なレストランで食事をすることで運気がグンとアップ！海外のトレンドや着こなし術を学び、取り入れてみるのもいいでしょう。この期間はお財布のヒモを緩めて、自己投資の旅をして！

24th Oct.-22nd Nov.
（10月24日から11月22日）

あふれ出る素直な感情を大事にして。泣く、笑う、怒る、などの喜怒哀楽を表すことで体内のたまったものが排毒されます。この時期には、感動的な絶景や芸術性の高い舞台を観に行ったり、寺院や廟、教会で祈りをささげることで五感が刺激されるはず。グッと感情に訴えかけるような旅を。

message できないことばかりに目を向けずに、今ある日常に感謝しよう。

FORTUNE TRAVEL CALENDER

23rd Nov.–21st Dec.
（11月23日から12月21日）
願望が成就しやすいときなので、目的を明確にすることが大切。無計画ではなく、事前にしっかり準備をして行きたい場所を効率よく巡れるよう予定を詰めましょう。旅先に友人や会いたい人がいるなら、旅行前に連絡をして会う約束を取り付けて。テーマを設けて旅の計画をすると◎。

22nd Dec.–19th Jan.
（12月22日から1月19日）
コンプレックスを克服したり、叶えたかったこと、勇気がなくて挑戦できなかったことをするのにいい時期。プチ留学や語学留学、あるいは資格や免許を取得しに行くのもおすすめ。スクーバダイビングにトライしたり、ダイエット合宿やアーユルヴェーダの施設に行くなども◎。

20th Jan.–18th Feb.
（1月20日から2月18日）
アートに触れるといい時期。美術館やコンサートなど興味がある場所へ行きましょう。常識やルールで自分自身を縛り付けないで、お気に入りのスポットに出かけて。SNS映えスポットで写真を撮ってみたり、クリエイティブな活動をするのもおすすめ。自分の制限を解放しましょう！

19th Feb.–20th Mar.
（2月19日から3月20日）
自由気ままで好き勝手な時間を作りましょう。海で自由に泳いだり、トレッキングをして好きな木からエネルギーもらったり、有名な観光スポットに行って映画の主人公みたいに写真を撮って楽しむことが大事！ 帽子やアクセサリーをポイント使いすると、さらにあなたを美しくしてくれます。

さらに出発日は二十八宿をチェック!

二十八宿(にじゅうはっしゅく)とは、月が宿る星座によって吉凶を占ったもの。旅におすすめの日を、古代中国で考え出された二十八宿でチェックできます。二十八宿の日程は、暦が詳しく書かれているカレンダーなどを参考にしてください。

角宿 旅先で結婚式を挙げるのにいい日。購入したばかりの洋服を着て旅に出ると◎。

亢宿 習い事やおけいこ、友人に会いに行く旅は◎。不動産売買の旅はダメ。

氐宿 お見合いや婚活の旅をするならばこの日に。ただし水に近づくことは凶。

房宿 誰とどこに行っても、すべての旅行に向いている日。ただし不倫旅行はダメ。

心宿 寺院や廟、教会など宗教施設の訪問で素敵な巡り合わせが。買い付けはダメ。

尾宿 修行、勉強、治療の旅に吉。集中ができて効果も倍増する。洋服のオーダーはダメ。

箕宿 仕入れの旅はよい。ただし結婚式は大凶。

斗宿 プライベートもビジネスも、新しいことをスタートさせるのにいい日。

牛宿 何をしてもうまくいく、二十八宿の中で2番目にいい日。スピーディーに動くと◎。

女宿 お披露目会や発表会、習い事をはじめるのにいい日。結婚式は凶。

虚宿 おけいこに通う、学びをはじめるなどが吉。ただし積極的な行動は控えること。

危宿 登山など高所は避けて！洋服のオーダーもダメ。

室宿 お祭りや結婚式、パワースポット巡りにいい日。

壁宿 海外での結婚式や開店＆開業におすすめ。ただし南へ行くのは凶。

奎宿 寺院や廟などパワースポット巡りにおすすめの日。

婁宿 ビューティやデトックスの旅におすすめ。洋服のオーダーメイドは長寿に吉。

胃宿 海外での就職や移住、引っ越しにいい日。

昴宿 祝い事、お参り、家具のオーダー、店舗開店などにいい日。

畢宿 海外で習い事をはじめるのにいい日。新しい洋服をおろすのはダメ。

觜宿 入学やお参り、おけいこ始めや海外への荷物の運搬にいい日。

参宿 お店の開業や販売などに関わるビジネス出張ならこの日に。

井宿 不動産売買や新規案件なら◎。治療の旅はNG。洋服のオーダーは離婚の原因に。

鬼宿 二十八宿のなかでいちばんの大吉日。婚礼のみ凶。ほかの事はすべて吉。

柳宿 物事を断るのにいい日。婚礼や新規事業は凶。

星宿 治療の旅、お参りやお墓参りなどに向いている。不倫の旅は不吉。

張宿 就職やお見合い、神仏祈願や祝い事に吉。

翼宿 ビジネス出張の旅にはいい。お祭りやお祝い事の参加は凶。

軫宿 海外の家や土地の購入が◎。洋服のオーダーはダメ。

EPILOGUE

Thank you for reading ♡

本を手にとっていただきありがとうございました。
行きたい場所がのっているから、旅好きだからと、
この本を手にしてくださったと思います。

何年も前から考えて、実現した初めての旅ブック。
たとえ今すぐ旅ができなくても、見るだけでワクワクする
そんな本にしたくて、あれこれと工夫しました。

もちろん実際に旅をして、
運気アップの参考にしてもらえたら最高です！

なぜ旅が開運におすすめなのか。
開いて運ぶと書く"開運"を実現するには、
ずっと同じ場所でワンパターンに過ごす日常ではダメ。
いつもの場所から離れることで
新しい運を引き寄せることができるのです。

自分を変える旅、運命と出会う旅、家族と過ごす旅、
愛を育む旅、成長する旅、ストレス発散の旅、癒やしの旅、
好きなものに囲まれ元気になる旅。
イメージしてください、あなたが求めている旅を。

気持ちがワクワク、ドキドキするだけで開運なんです。

人生は、一度きり。
いつか、いつか、と思っていたらあっという間。

Let's go on a trip！
あなたがご機嫌でいられれば、人生はいつだってハッピー！
自分自身で幸せにしてあげましょう。

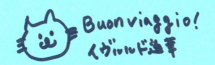

イヴルルド遙華

前向きなアドバイスが口コミで広がり、モデルやヘアメイク、エディターなどの業界で絶大な支持を得る、いま話題のフォーチュンアドバイザー。
西洋占星術、タロットをはじめ、人生の流れを24の節目で区切る「フォーチュンサイクル」など、幅広い占いを独学で研究する。
ELLE ONLINE(ハースト婦人画報社)やVOCE(講談社)などさまざまなメディアに占いコンテンツを提供し、最近ではテレビ出演にて、元気になれるアドバイスが大好評。TBS土曜日の朝『まるっと！サタデー』の毎週占いも担当中。
著書に『運命のフォーチュンAmulet』(小学館)、『令和運勢占い』(ゴマブックス)など。東京・代官山に鑑定ルームを持つ。

公式ブログ　ameblo.jp/eve-lourdes-haruka
Facebook　www.facebook.com/lourdes.eve
公式ホームページ　www.ineori.com

地球の歩き方BOOKS
WORLD FORTUNE TRIP
イヴルルド遙華の世界開運★旅案内
2020年1月1日　初版第1刷発行

著者	イヴルルド遙華
表紙・本文デザイン	佐藤ジョウタ (iroiroinc.)
イラスト	湯浅望
写真	イヴルルド遙華、©iStock
校正	東京出版サービスセンター
編集	日隈理絵 (株式会社ダイヤモンド・ビッグ社)

Special Thanks to　岩堀せり、上田実絵子、風間ゆみえ、カントン千晶、シン・ジウォン、杉浦エイト、鈴木あみ、橋本麗香、森田敦子、yUKI

発行所　株式会社ダイヤモンド・ビッグ社
　　　　〒104-0032　東京都中央区八丁堀2-9-1
　　　　編集　(03)3553-6667

発売元　株式会社ダイヤモンド社
　　　　〒150-8409　東京都渋谷区神宮前6-12-17
　　　　販売　(03)5778-7240

印刷製本　開成堂印刷株式会社

無断転載・複製を禁ず　Printed in Japan
©2020 Eve Lourdes Haruka
ISBN 978-4-478-82418-4

■ご注意ください
本書の内容(写真・図版を含む)の一部または全部を、事前に許可なく無断で複写・複製し、または著作権法に基づかない方法により引用し、印刷物や電子メディアに転載・転用することは、著作者及び出版社の権利の侵害となります。
■落丁・乱丁本はお手数ですがダイヤモンド社販売宛にお送りください。送料小社負担にてお取替えいたします。ただし、古書店で購入されたものについてはお取替えできません。

『WORLD FORTUNE TRIP』特別付録

＼ 好きなところに貼れる！ ／
開運旅のお守りシール